Mujeres

Eso no fue lo que dijo Pablo!

Lorena Gamboa

Free in Christ Ministries International
Ministerios Libres en Cristo

2010-2016

A menos que se indique lo contrario, todas las citas Bíblicas han sido tomadas de la Versión Reina Valera (VRV) de la *Santa Biblia*. Anotaciones bíblicas marcadas como (NVRV) han sido tomadas de : *La Nueva Versión Reina Valera*.

Diseño de la Cubierta y edición de texto:
FicmiProductions Media Center
Free in Christ Ministries Intl. Inc.
www.ficmiproductions.com

ISBN: 978-0-9824981-4-9

Printed in the United States of America

Dedico este libro a mi mamá,
quien ha sido un modelo para mí
de verdadera mujer cristiana .
Su pasión y entrega a nuestro Señor Jesús ha sido
evidente durante cada paso de su vida.
Estoy muy agradecida con Dios
por haberme permitido tener
una madre como ella

Tita: "Te amo!"

Índice

Introducción

Durante muchos años me fue difícil participar en las actividades de la iglesia, en forma activa, debido a ideas preconcebidas y enseñanzas equívocas que yo tenía con respecto a la mujer y su papel en la sociedad y en la iglesia. Durante los primeros años de ministerio, era muy difícil para mí pararme en un púlpito y compartir alguna enseñanza o palabra de parte de Dios. Por años, pensé que ese era un privilegio que había sido dado solo a los hombres. Nadie me había forzado ni obligado a permanecer callada o a no predicar. Por el contrario, mis pastores, maestros bíblicos y líderes siempre me impulsaban a hacerlo. El punto era que yo misma me había puesto bajo un yugo más pesado del que podía llevar.

Había leído y estudiado muchas veces al Apóstol Pablo y sus enseñanzas sobre la mujer y sobre el liderazgo. Entre más lo hacía, más me entristecía porque comencé a creer que Pablo tenía algo en contra de las mujeres. Que por eso no estaba casado y que por la misma razón se expresaba tan fuerte cuando daba amonestaciones u órdenes.

Siendo hispana, el concepto de sujeción, sumisión y obediencia estaba muy implícito en mi manera de comportarme y cuando llegué a los pies del Señor, tales ideas fueron afirmadas cuando comencé a *leer* la Biblia y a recibir enseñanza con respecto al *papel de la mujer* en el hogar y en la iglesia. Cuando leía las cartas Paulinas, no podía evitar sentir tristeza y enojo en contra del apóstol Pablo. ¡Pobre Pablo!.... cuántas mujeres no se sienten de la misma manera y guardan este tipo de sentimientos hacia sus enseñanzas.

Y es que cuando uno lee en cualquier versión castellana 1 Corintios 14:34, la terminología empleada hace que una mujer sienta cierta negativa a las prohibiciones hechas.

"vuestras mujeres **callen** en las congregaciones, porque no les es permitido **hablar**, sino que deben estar **sujetas**, como también la Ley lo dice."

Lo mismo ocurre cuando uno lee en 1 Timoteo 2:12 "No permito a la mujer **enseñar, ni ejercer dominio** sobre el hombre, sino estar en silencio," o en 1 Tim. 2: 9: "Asimismo, que las mujeres **se atavíen** de ropa decorosa, con pudor y modestia: no con peinado ostentoso, ni oro ni perlas ni vestidos costosos".

Cuando yo leí esto, no pude evitar sentir un gran yugo sobre mi espalda, que me impedía inclusive hasta fluir en los dones espirituales públicamente.

Me confundía mucho cuando leía que Pablo prohibía a la mujer hablar y enseñar y en otros versículos el mismo Pablo enseñaba que en Cristo no había diferencia ni acepción de personas. Pablo ensenó que no hay griego ni judío ni gentil. Ni varón ni hembra sino que todos somos iguales en Cristo. Algo andaba muy mal con este hombre que según yo, no mantenía una misma línea de pensamiento. Algo andaba mal con Pablo, pues se hospedaba con mujeres como Lidia y Priscila, que tenían iglesias en sus casas y que predicaban la palabra. ¿Cómo Pablo permitía mujeres en profecía? - esto está muy claro en la carta primera a los Corintios – ya que el profeta es un oficio "más alto" que el de maestro, según el orden señalado: es "apóstol, profeta, maestro". ¿Cómo entonces Pablo, escribía tan fuertemente en contra de las mujeres? Algo no me concordaba. Sin embargo, no discutía el punto ni lo atacaba. Yo quería agradar a Dios en todo, así que obedecía su palabra al pie de la letra, sin preguntar.

Quiero aclarar que ningún hombre me impidió jamás compartir la Palabra, ningún Pastor me lo prohibió (y he tenido el privilegio de estar en cientos de congregaciones con denominaciones diferentes) y lo más importante, que ni mi esposo jamás me obstaculizó sino que siempre me animó a hacerlo. Mi esposo, con el que estoy casada hace 22 años, me animaba a predicar y a enseñar, y yo me sentía entre la espada y la pared. No quería defraudar a mi esposo, pero tampoco quería desobedecer a Dios.

El respeto y fe que yo tenía y tengo por la Palabra de Dios era lo que me frenaba frenéticamente e impedía que yo me desarrollara en el ministerio de la enseñanza.

Sé que hay muchísimos pastores y lideres que aún enseñan a sus congregaciones que la mujer no puede tomar ningún puesto de liderazgo en la iglesia, y mi propósito no es el de "argumentar" o "pelear" por un permiso o una justificación. Respeto mucho el ministerio pastoral y cada cual dirige su grey de acuerdo con la revelación y entendimiento que tenga de la palabra de Dios.

Mi deber es el de compartir con otras mujeres lo que Cristo me enseñó y lo que El me reveló después de tantos años de buscar su rostro con respecto a estos temas, no para alentar confrontación ni rebelión en ellas sino más bien reforzar el deseo en ellas de sujetarse correctamente, no por amenazas ni prohibiciones sino por el conocimiento adquirido en la Palabra.

Es mi deseo que tú, mujer, seas prosperada en todo, así como prospera tu alma.

Quiero que tu alma prospere, y que seas libre de todo yugo. Que cada vez que leas al apóstol Pablo, recuerdes el mensaje que realmente el quiso dejarnos a todas las mujeres.

Y a usted amado pastor o ministro que lee este libro, no se haga ningún juicio apresurado hasta que haya leído este escrito completamente.

Muchas gracias por darme la oportunidad de compartir este libro con usted.

Espero que sea muy bendecido!

Capítulo I

La Mujer del Nuevo Testamento

Estudiando y Escudriñando

Fue entonces cuando tuve el sentir de ESTUDIAR Y A ESCUDRIÑAR LAS ESCRITURAS de manera más profunda, comenzando con el libro de Tito. Durante varios años, estando en Costa Rica, en la facultad de filología de la Universidad, estudié griego koiné, o griego del Antiguo Testamento. Esta es una herramienta asombrosa, porque se aprende el análisis del lenguaje desde sus raíces. Aprendí a leer y a traducir del griego, a usar correctamente el diccionario y a analizar las estructuras gramaticales. Nunca había puesto en práctica lo aprendido porque yo creía que todas las traducciones hechas de la Biblia eran precisas. Hasta que comprendí que existen términos en el escrito original griego que no pueden ser traducidos literalmente sin dar una explicación. Al no poder dar la explicación, se cae en la traducción "literal" del texto, que puede ser malentendida. Tal es el caso de las cartas Paulinas, que fueron escritas originalmente en griego. Por lo tanto la Exégesis es necesaria (explicación, interpretación de un texto).

Cuando comencé a escudriñar las escrituras, un mundo de maravillas surgió. Vino libertad a mi vida y comprendí el propósito precioso que Dios tiene para todas nosotras las mujeres.

Quiero de manera muy respetuosa compartir lo aprendido y estudiado. Tanto mi esposo como yo hemos pasado muchas horas haciendo análisis, investigaciones de historia y a la vez hemos orado frenéticamente para que Dios nos revele Su Palabra.

Respetamos mucho a los pastores y sus diferentes denominaciones e ideologías, y no pretendemos cambiarles. El cambio lo hace sólo Dios. Nuestra misión como maestros es emitir el contenido de los análisis realizados y Dios hablará personalmente al espíritu de cada persona.

Mi propósito, para ti mujer, es darte las buenas noticias, de que en Cristo somos nuevas criaturas.

Todo decentemente y en orden da fruto asombroso para la gloria de Dios. Este libro pretende motivar, animar y edificar a la mujer, anulando las diferentes tesis y comentarios hechos en contra de ella. Pretendo a través de este pequeño escrito, fomentar en la mujer el deseo de una mejor preparación en los asuntos espirituales. A tener un propósito cuando hable. Un mensaje y un plan de parte de Dios; eso sí estando sujeta a El y a las autoridades terrenales, realizando todo decentemente y con orden.

Existe un orden divino para cada funcionalidad y posición en la Palabra de Dios. Cuando la mujer toma el lugar que le corresponde y ejerce su papel de acuerdo con lo que Dios enseña, el resultado es positivo y fructífero.

Mujer, sigamos el ejemplo de aquellas mujeres que en la Biblia, se desempeñaron debidamente y bajo una directriz. Estudiemos algunas de las mujeres que se mencionan específicamente por nombre en el Nuevo Testamento y aprendamos de su servicio y dedicación.

Mujeres del Nuevo Testamento

Recordemos a esas mujeres nombradas en el Nuevo Testamento, que tuvieron un propósito importante y definido. Reconocidas como líderes en la congregación.

Dorcas: La primera mujer de la que te voy a hablar es Tabita, que también es Dorcas. Ella vivía en Jope y se dice en Hechos 9:36 que abundaba en buenas obras, caridades y donaciones a los necesitados. También era considerada una discípula. La forma griega μαθήτρια (mathetria) se deriva directamente de *mathētēs* que quiere decir: aprendiz, alumna. Una persona que sigue la enseñanza de alguien y que aprende. Dorcas hacía túnicas y vestidos también. Era una mujer con cualidades espirituales, talentos y dones. Tan importante era en esa ciudad y tan querida que cuando enfermó y murió , el apóstol Pedro la resucitó.

Rode: Rode es mencionada en el libro de los Hechos capítulo 12, y era una muchacha que era sirvienta en la casa de María, la madre de Juan Marcos. Su función especifica, como lo podemos ver en la palabra griega usada para describirle παιδίσκη paidiske, era la de portera; la sirvienta a cargo de atender la puerta. Me parece muy interesante que el Nuevo Testamento la haya incluido por nombre. Eso quiere decir que aunque su oficio no era muy reconocido por la sociedad, para Dios somos igual de importantes. Rode formaba parte del grupo de intercesión en casa de su patrona. Estaban reunidos orando por Pedro porque había sido tomado preso, cuando Rode

17

emocionada les dijo que Pedro estaba a la puerta. Tan emocionada estaba que no le abrió sino que corrió a dar la noticia a los demás, quienes creyeron que estaba alucinando.

Lidia: Hechos 16 nos narra el siguiente episodio. Un sábado, Pablo y algunos de los que le acompañaban en su viaje a Filipos, se sentaron y comenzaron a hablar con unas mujeres que se habían reunido en ese lugar. Entre ellas había una mujer llamada Lidia, que era vendedora de telas púrpura. Este tipo de tela era carísimo, y lo usaban los miembros de las familias reales y los senadores romanos, a quienes se les requería que llevaran una banda púrpura sobre sus togas. así que es muy posible que ella hubiera sido una mujer muy rica. Además, era de la ciudad de Tiatira, una colonia romana y un centro de comercio muy reconocido.

La Biblia dice que era una religiosa devota. El término que encontramos en el original del griego koiné es σέβω: sebo. Este término era usado con los gentiles que creían en el Dios de los judíos. Y cuando estaba escuchando a Pablo El Señor le abrió el corazón para que estuviera atenta a lo que Pablo decía. Tanto así, que luego de ser bautizada junto con su familia en ese mismo viaje de Pablo, ella les obligó a la fuerza a quedarse en su casa. Su corazón había sido transformado al corazón de una sierva, a la disposición de Dios y sus mensajeros. Después de que Pablo y Silas fueron liberados de la cárcel sobrenaturalmente por haber alabado a Dios (Hechos 16:26) y cuando el carcelero, llevándolos a su casa, los atendió y luego los puso en libertad, ellos regresaron a casa de Lidia. En la ciudad de Filipo, Lidia se convirtió en una mujer clave para la iglesia. Ella podría haber sido la primera persona en Europa que se convirtió al cristianismo.

Priscila: En el libro de Hechos capitulo 18, se menciona por primera vez a Priscila. Priscila era la esposa de Aquila, y ambos salieron de Italia hacia Corinto debido a que se les mandó a todos los judíos salir de Roma. Esta pareja de esposos tenían el oficio de hacer tiendas. La palabra tienda en griego: σκηνή skene es la misma que se usa para tabernáculo. ¿Qué tipo de tabernáculo? Los judíos usaban su "tabernáculo" personal de oración llamado Tallit.

Tallit se traduce como: tienda pequeña y era el manto de oración usado por los judíos. Otro tipo de "tabernáculo" era el chuppa, siendo una tienda un poco más grande donde se celebraban las bodas. Es posible que Aquila y Priscila confeccionaran este tipo de "tienda pequeña", lo mismo que el apóstol Pablo. Eran misioneros con una profesión, que interesante!

Ambos, Priscila y Aquila eran evangelistas y acompañaban a Pablo a evangelizar. Tan importante y reconocida era Priscilla, que el apóstol Pablo la nombra varias

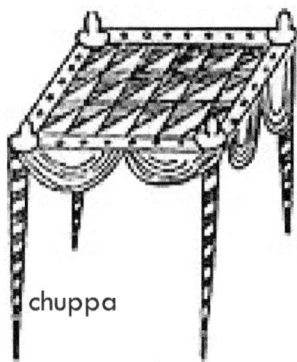

chuppa

veces antes que a su esposo (esto no era común entre los judíos, quienes no tomaban en cuenta a las mujeres). Un día un hombre muy estudiado llamado Apolos llegó a Éfeso y después que Priscila y su esposo lo oyeron en la sinagoga, lo tomaron aparte y le expusieron más precisamente el camino de Dios. ¿Una mujer exponiendo su conocimiento y enseñando a un hombre? ¡Así es! Pero sujeta a su marido.

Priscila es mencionada cinco veces y una vez con el nombre de Prisca en 2 Timoteo 4:19. En Romanos 16:3 Pablo reconoce a Priscila como colaboradora suya. En el griego esta palabra implica compañera de equipo, trabajando juntos para una misma causa. En 1 Corintios 16:19 se pone de manifiesto que también estaba a cargo de una iglesia en Roma, conjuntamente con su esposo. Priscila es un ejemplo de lo que la mujer es capaz de hacer en el reino de Dios. Priscila fue una mujer profesional (su profesión era hacer tiendas) evangelista y misionera, Una colaboradora y compañera de milicia en el reino de Dios.

Febe: En la carta del apóstol Pablo a los Romanos se menciona otra mujer: Febe, quien era diaconisa. La palabra es διάκονος (diáconos) en el griego, es un nombre masculino y femenino. Es decir, que era usado para ambos géneros. Algunas traducciones lo han cambiado a "criada" – para que no fuera confundida como alguien con un puesto de honor en la iglesia., sin embargo esta traducción no es la correcta. La palabra diáconos puede traducirse "ministro" o "diácono" . Era aquel oficio otorgado por la iglesia con el fin de hacerse cargo de los pobres y distribuir los dineros recogidos con ese fin. Pablo mismo la presentó a la iglesia en Cencrea y le pide a la iglesia en Roma que la ayuden, ya que era una mujer con alto puesto y autoridad sobre otros.

La frase que aparece en Romanos 16:2 y que se ha traducido "porque ella ha ayudado a muchos", tiene un significado mucho más profundo. En el griego koiné, la palabra "ayuda" en este pasaje es προστάτις: prostatis y significa: mujer que está sobre otros, un guarda femenino, una protectora, patrocinadora; aquella que siente cariño por los asuntos de otros y les ayuda con sus recursos. Febe era una mujer adinerada que ponía su propio dinero al servicio de los demás. También era ministro, y muchos eruditos y estudiosos de la palabra de Dios creen que ella fue quien entregó la carta de Pablo a los romanos.

Evodia y Síntique: Estas dos mujeres son nombradas en el libro de los Filipenses. Eran miembros fieles de la iglesia de Filipos. Por la descripción que nos da Pablo estas mujeres "combatieron juntamente con Pablo y sus colaboradores en el evangelio, y sus nombres están en el libro de la vida". Filipenses 4:3. Al parecer estas mujeres eran buenas cristianas pero tenían desavenencias entre ellas. Pablo reconoció la importancia de ambas mujeres para la iglesia de Filipos y por esa razón les escribió: "Ruego a Evodia y a Síntique" que sean de un mismo sentir en el Señor." y les pide a los hermanos de la iglesia que les ayuden a quitar toda diferencia entre ellas. Pablo, al igual que Jesús era apoyado por mujeres prósperas, de manera que este problema afectaba a Pablo también. Este es un ejemplo de que las mujeres podemos causar división en la iglesia si no tenemos cuidado. La influencia y liderazgo de mujeres prominentes en los inicios de la iglesia era muy común. Aunque el texto no lo dice, me parece a mi que estas mujeres eran líderes solteras y no tenían la intervención de sus maridos.

Ninfas: El nombre de esta mujer aparece en Colosenses 4. Contrario a algunos comentaristas que apoyan la idea de que Ninfas era un diminutivo del nombre masculino "Ninfodorus", se ve muy claro en el original del griego Koiné que la naturaleza de este nombre es femenino. Ninfas era una mujer próspera financieramente y llena del temor de Dios. Estaba a cargo de una iglesia que se reunía en su casa. Esta iglesia se encontraba en Laodicea. Es la única líder saludada por Pablo mencionada por nombre en su pueblo. De la misma manera que saluda a otros líderes, lo hace con ella.

Estéfanas: 1 Cor. 16:15 Es necesario que hagamos una corrección aquí. Por mucho tiempo yo pensé que este nombre propio se refería al de una mujer y cuando busqué en mi nuevo Testamento Interlineal Griego me llevé la sorpresa de que no era así. Este nombre esta en caso genitivo singular MASCULINO. Este es el textus receptus:

Παρακαλῶ δὲ ὑμᾶς, ἀδελφοί, οἴδατε <u>τὴν οἰκίαν</u> **Στεφανᾶ**, ὅτι ἐστὶν ἀπαρχὴ τῆς Ἀχαΐας καὶ εἰς διακονίαν τοῖς ἁγίοις ἔταξαν ἑαυτούς·

La expresión que he subrayado: <u>ten oikian</u> está en caso acusativo singular femenino y se refiere a: "la casa" pero Stefana: es caso genitivo masculino singular y se traduce: : "de Estefano". La frase es: La casa de Estefano.

Junias: En el libro de Romanos 16, Pablo envió saludos a varias parejas ministeriales, entre ellas a Priscilla y Aquila. En este mismo libro Pablo saluda fraternalmente a Adrónico y a Junias. Junias en griego es la forma acusativa de un nombre femenino en el griego. No es masculino, y aún algunos eruditos bíblicos se han ofendido por la idea de que Pablo podría referirse a una mujer como "un apóstol" – el oficio más alto clasificado en el Nuevo Testamento – En el original está muy claro. Junias es el nombre propio de una mujer. Está en caso acusativo singular femenino. Adrónico y Junias eran una pareja ministerial, judíos. Podrían haber sido hermanos o esposos. La palabra que se traduce como "parientes" puede significar también hermanos de raza. Pablo se refería a ellos como "mis hermanos de raza". Conocieron a Cristo antes que Pablo y habían estado en prisión con él. Romanos 16:7. Pablo escribió que ellos eran de muy alta estima entre los apóstoles. Muchos comentaristas y estudiosos dicen que la traducción correcta es: "muy apreciados *de* los apóstoles". No que sean apóstoles sino que eran queridos por ellos. Sin embargo, no podemos negar que Junias era valorada y estimada por su entrega al ministerio. En la segunda carta del apóstol Juan, él dirige dicha carta a una mujer escogida, posiblemente viuda, de gran renombre y con un titulo de autoridad en la iglesia.

Algunos sugieren que se refiere a la iglesia en general (que es muy posible también), mientras otros sugieren que se trata de Junias. Esta última afirmación no tiene mucho peso; no podemos sacar conclusiones de algo que no está en la escritura. Que la carta del apóstol Juan fue dirigida a una mujer, si! Pero no sabemos si era una mujer en particular o si se refería a la iglesia en general.

Dámaris: Esta mujer fue nombrada en el libro de los Hechos, como una mujer prominente que se convirtió al cristianismo después de escuchar a Pablo en el Areópago. La gente que asistía al areópago era gente adinerada e importante, y solamente a estos se les dejaba entrar. Por eso considero que Dámaris debió ser de un estatus social elevado. Según la enciclopedia británica el areópago era considerado el más alto concilio judicial y legislativo en la antigüedad.

Pérsida, Trifena, Trifosa y la madre de Rufo

Pablo envía saludos en el libro de Romanos 16 a una mujer que es posible que haya sido una anciana que había trabajado exhaustivamente para la obra del Señor. El la menciona por nombre: Pérsida. Su nombre significa: mujer de Persia. Por otro lado, Trifena y Trifosa aun trabajaban arduamente para la obra del Señor y Pablo reconocía su labor. Me llama la atención que Pablo pone el énfasis del trabajo duro y forzoso en las mujeres, y no en los varones. ¿Curioso no?

También había una mujer muy importante en la vida de Pablo. La madre de Rufus o Rufo. Pablo consideraba a la madre de Rufo como su propia madre. Es probable que esta anciana cuidara de Pablo y se preocupara por su salud e integridad personal como si fuese su propio hijo.

Todas estas mujeres tuvieron la oportunidad de estar cerca de Pablo o los apóstoles, ganando su reconocimiento, cariño y respeto.

Capítulo 2

Entendiendo a Pablo

Entendiendo el entorno del Apóstol Pablo

¿Por qué si Pablo mencionó por nombre a tantas mujeres y obviamente reconocía sus ministerios y trabajos en el Señor, escribió tantas prohibiciones para ellas? Por muchos años pensé que el Apóstol Pablo era el perfecto ejemplo del hombre machista. Y sinceramente me entristecía el hecho de que muchos hombres le tomaran como ejemplo para reforzar su comportamiento dominante y autoritario. Hasta que un día mi esposo me motivó a que estudiáramos juntos esos pasajes que tanto me hacían sentir mal, con el fin de conocer lo que Pablo dijo de verdad. Quiero compartir este estudio con un corazón humilde y sin pretender cambiar su manera de pensar. Eso sólo lo hace Dios.

Comenzaré por explicar un poco con respecto al apóstol Pablo, su vida, conversión y ministerio.

Saulo de Tarso

Saulo *(más adelante cambiaría su nombre a Pablo)* nació en una ciudad de Asia, en la costa sur de Turquía, llamada Tarso, cuya lengua primordial era el griego. Sus padres eran judíos y también ciudadanos romanos. La ciudadanía romana (en los extranjeros) era un privilegio que gozaban aquellos que habían contribuido de alguna manera al imperio romano. Es muy posible que los padres de Pablo hubiesen sido personas de alta influencia y estatus social. (Hechos 23:27)

A los catorce años, Saulo fue enviado a Jerusalén con el fin de convertirse en un Rabino, bajo la instrucción de un maestro prominente llamado Gamaliel. (Hechos 22:3). Saulo también fue enseñado en el oficio de "hacer tiendas" (Hechos 18:3) Estas eran tiendas más bien pequeñas que cumplían con un propósito religioso, como lo expliqué en el capitulo anterior.

Siendo aun un joven, Saulo comenzó a perseguir a los cristianos hasta la muerte cuando vió que crecían en número y que los judíos se añadían a lo que el consideraba una secta peligrosa en contra del judaísmo. (Hechos 22:4)

Tan seriamente tomaba el hacer cumplir la ley que se presentó al sumo sacerdote pidiéndole cartas para las sinagogas de Damasco a fin de que si hallaba algunos hombres o mujeres de ese Camino, los trajera presos a Jerusalén. (Hechos 9:2). Pero, yendo por el camino, aconteció que, al llegar cerca de Damasco, repentinamente lo rodeó un resplandor de luz del cielo; y cayendo en tierra oyó una voz que le decía: --Saulo, Saulo, ¿por qué me persigues?. Fue este encuentro con Jesús, lo que cambió la vida de Saulo por completo. (Hechos 22:6)

Sin embargo, antes de cumplir completamente con el llamado que Jesús le hiciera, Saulo se fue primero para Arabia y luego a Damasco por tres años, pasados los cuales subió a Jerusalén a ver a Pedro y estuvo con él quince días. (Gálatas 1:12) De allí partió a Siria y Cilicia y después de catorce años subió nuevamente a Jerusalén, debido a una revelación y, para no correr en vano, expuso en privado a los que tenían cierta reputación, el evangelio que predicaba entre los gentiles. (Gálatas 2:2)

Entonces Jacobo, Cefas y Juan (considerados columnas) se dedicaron a predicarle a los judíos, mientras Pablo y Bernabé fueron enviados a los gentiles.

A partir de este momento Saulo utilizaría su

nombre romano *"Pablo"*, que significa *"el más pequeño"* ya que se desenvolvería en un ambiente greco-romano. (Hechos 13:9)

Junto con Bernabé, continuó su primer viaje misionero a Chipre, Antioquía, Iconio, Listra y Derbe. Durante este viaje encontraron muchas privaciones.

Pablo sufrió muchísimo por causa del evangelio, como el mismo lo narra en 2 Corintios 11:24 " De los judíos cinco veces he recibido cuarenta azotes menos uno. Tres veces he sido azotado con varas; una vez apedreado; tres veces he padecido naufragio; una noche y un día he sido náufrago en alta mar; en caminos, muchas veces; en peligros de ríos, peligros de ladrones, peligros de los de mi nación, peligros de los gentiles, peligros en la ciudad, peligros en el desierto, peligros en el mar, peligros entre falsos hermanos; en trabajo y fatiga, en muchos desvelos, en hambre y sed, en muchos ayunos, en frío y desnudez".

Judíos procedentes de Antioquía lo acusaron de violar la Ley e intentaron matarlo (de la misma manera que el lo hizo antes de convertirse al cristianismo), por lo que el tribuno romano impide que lo maten y lo encarcela.

Luego es enviado a la provincia de Judea, donde el procurador Félix lo retiene durante dos años a la espera de conseguir un rescate por su libertad.

Pablo apela a su derecho, como ciudadano romano, a ser juzgado en Roma. La última epístola que tenemos de Pablo, la de 2 Timoteo, fue escrita en esta época. Sin duda, cuando la escribió ya había sido llevado a juicio una vez y se había defendido a sí mismo (2 Timoteo 4:16, 17) Tras un accidentado viaje, llega a Roma y es liberado dos años después. Al parecer, después visitó las comunidades de Oriente. Volvió a ser apresado en Roma durante las persecuciones de Nerón. Aparentemente, esperaba pronto un segundo juicio, y preveía una sentencia capital (2 Timoteo 4:6). Sin embargo, animó a Timoteo a hacer todo lo posible para visitarlo antes de su muerte (2 Timoteo 4:9, 21). Luego fue sentenciado a muerte y decapitado unos años después. *Por tener la ciudadanía romana, gozó del privilegio de la decapitación, ya que el suplicio de la cruz estaba destinado para quien no era romano.*

Pablo fue un hombre recto y leal a sus principios. Defendió su fe en Jesucristo hasta la muerte. Gracias a el, hoy en día nosotros los gentiles tenemos la dicha de conocer las buenas nuevas de salvación en Cristo Jesús.

Capítulo 3

Las Iglesias de Corinto y Éfeso

Las Iglesias de Corinto y Éfeso

La iglesia de Corinto

Pablo salió de Atenas hacia Corinto, donde encontró a Aquila y a Priscila y se quedo con ellos, ya que eran del mismo oficio y trabajaban juntos. (Hechos 18)
Allí, Pablo estuvo entregado por entero a la predicación de la palabra, testificando a los judíos que Jesús era el Cristo. Pero ellos respondían oponiéndose y blasfemando, asi que les dijo, sacudiéndose los vestidos: "Vuestra sangre sea sobre vuestra propia cabeza; yo, limpio; desde ahora me iré a los gentiles."

Saliendo de allí, se fue a la casa de uno llamado Justo, temeroso de Dios, la cual estaba junto a la sinagoga. Y Crispo, el principal de la sinagoga, creyó en el Señor con toda su casa; y muchos de los corintios, oyendo, creían y eran bautizados. Y se detuvo allí un año y seis meses, enseñándoles la palabra de Dios .

El Apóstol Pablo comenzó la iglesia en Corinto y unos años después de dejar la iglesia, oyó algunos informes inquietantes sobre la misma. La iglesia estaba llena de orgullo, perdonaba la inmoralidad sexual, los dones espirituales estaban siendo usados incorrectamente, y habían malentendido las doctrinas cristianas claves.

Pablo escribió 1 Corintios en una tentativa de restaurar la iglesia Corintia y llevarla a su fundación – Jesucristo. Recordemos que uno de los temas centrales de Pablo era que Dios es un Dios de orden. Por otro lado, las mujeres que conformaban la iglesia pertenecían a diferentes culturas. Algunas eran griegas , judías y quizás otras romanas. Esta era una comunidad diversa donde habían griegos, italianos, judíos, esclavos y libres.

Entendiendo el contexto de la Iglesia de Corinto

Según varias investigaciones Corinto fue un importante puerto en el istmo homónimo, que une la península del Peloponesio con el continente europeo. Tenían un núcleo urbano de intenso tráfico y comercio, especialmente de sus manufacturas de bronce y cerámica. Su ciudad, Corinto, fue sede de la Liga Helénica (-338) y de la Aquea (-196). Su poder y riqueza era atribuida a su posición estratégica. Estando entre dos canales importantes, se convirtió en el puerto vital para el comercio. Como consiguiente, se hizo rica, famosa y poderosa. Para asegurarle protección, fue construida una fortaleza para guardar la ciudad. Luego fue destruida por los romanos, quienes mataron a los hombres y vendieron a las mujeres como esclavas. Más adelante Julio Cesar, procuró restaurar la ciudad a un poco de su antigua gloria, reanimando las viejas tradiciones helenísticas del aprendizaje y sus prácticas del paganismo e idolatría. Llamó a la ciudad "Colonia Laus Julia Corintia," y la pobló de italianos reclutados, griegos, sirios, egipcios y esclavos judíos liberados. En esta condición se encontraba la ciudad cuando Pablo la visitó por primera vez.

Las iglesias de Corinto y Éfeso

Mapa de Corinto

La ciudad de Corinto en los días de Pablo era más prominente que Atenas. Debido a su situación estratégica entre el continente griego y la península del Peloponesio, era una próspera ciudad-estado y un centro comercial.

La población de Corinto probablemente estaba en más de 200,000 habitantes o por lo menos 20 veces la de Atenas. Corinto tenía como 200 Cristianos. Unos eran Judíos; probablemente la mayoría eran gentiles convertidos y por eso Pablo trató de reconciliar los conflictos que se levantaban por lograr la unidad en el Cuerpo de Cristo.

El Corinto antiguo se construyó en el lado norte de Acró-polis, que se eleva a casi 610 metros. La colina fue hogar de un templo de Afrodita, que estaba al pie en el punto más alto de Acrópolis. En la época de esplendor del templo tenía mil sacerdotisas de Afrodita que eran prostitutas sagradas. Por la tarde esas prostitutas se dirigían a las calles de la ciudad.

Según historiadores cuando Pablo llegó a Corinto era el año 49 o 50 DC. Roma había destruido el viejo Corinto en 146 AC. Un decreto de Julio Cesar decía que había fundado de nuevo a Corinto como una colonia romana. Corinto, era una ciudad de diversidad social, cultural, y religiosa, incluso para los Judíos. Los Judíos que vivían allí eran más cosmopolitas y multiculturales que aquellos que vivían en Palestina.

En el año 49, los Judíos fueron expulsados de Roma y un buen número emigró a Corinto. Mientras Pablo se quedó en Corinto, se encontró con refugiados judíos de Roma. Corinto era conocido como la Ciudad del Pecado de Grecia. El verbo griego para fornicación era *korinthiazomai,* una palabra derivaba del nombre de la misma ciudad. Los griegos tenían una expresión popular: "jugar al Corintio." que se refería a las personas que vivían una vida de libertinaje. Este estilo de vida lleno de placer y desenfreno influenció a muchos de los creyentes corintios aún después de su conversión. Ellos se esforzaban por dejar atrás su vida inmoral y debido a sus problemas espirituales, Pablo tuvo que escribir una fuerte carta correctiva a los corintios unos años después de su visita.

Las mujeres de Corinto y la iglesia de Pablo

Las mujeres de la ciudad de Corinto eran greco-romanas, es decir de trasfondo griego y romano. Su manera de vestir y de peinarse dependía de su clase social y estatus. En general estas mujeres se recogían su cabello con prensas de pelo alargadas que medían varias pulgadas de largo, y solamente usaban su cabello suelto en algunas actividades sociales y ritos religiosos. Ninguna dama romana seria vista en público sin arreglarse el cabello, recogiéndolo con una de estas prensas. Las mujeres greco-romanas solamente se soltaban el cabello durante los ritos religiosos. Por ejemplo durante el culto a Dionisio, *dios del vino y las juergas,* las mujeres dejaban su cabello suelto como las Maenads (adoradoras de Diosnisio) quienes caían en un estado de éxtasis durante el culto, atribuyendo esto a que Dionisio les inspiraba. Usaban bebidas tóxicas y danzas desordenadas. Es muy probable que algunas mujeres profetisas de la iglesia de Corinto, hayan adorado a esta diosa antes de su conversión al cristianismo. Por esa razón, Pablo instó a las mujeres de Corinto a "cubrirse" *(es decir sostener su cabello y no andarlo suelto)* mientras profetizaban. En el griego original NO dice que se pongan un velo. La palabra "cubrir" *no es* κάλυμμα, que quiere decir "velo" sino más bien pareciera referirse a la manera de usar el cabello. Las mujeres que no se "cubrían o recogían" su cabello eran las prostitutas, esclavas, leprosas y adoradoras de dioses paganos. El recogerse el cabello era una señal de sujeción a la autoridad y dentro del contexto greco-romano era una manera de confirmar el estado respetable de una mujer. Pablo entonces insta a que las mujeres que profetizan u oran públicamente se "cubran o recojan el cabello". Esta exhortación no fue para todas las mujeres, solo a las anteriormente mencionadas y específicamente a las de Corinto. También en Corinto se adoraba a la diosa

prensa - cabello

Isis, y especialmente las mujeres res le rendían culto. Isis era la única diosa con el poder de resucitar a los muertos. Su adoración y teología religiosa incluía: la muerte y la resurrección. Isis fue adorada primero en Egipto como una reina junto a su hermano y marido, Osiris, el Rey de Egipto. Cuando Osiris fue asesinado por su hermano y cortado en pedazos, Isis fue quién los recogió y puso de nuevo en su lugar. Al hacer esto, se convirtió en la única diosa del Panteón egipcio que era capaz de resucitar. Por eso se convirtió en la reina de los muertos.

La iglesia católica, por ejemplo, adaptó la veneración pagana por la diosa Isis a la figura de la Virgen María, ambas concebidas de manera sobrenatural. Por esa razón, el apóstol Pablo tocó el tema de la resurrección de los muertos en su carta a los Corintios.

En la mentalidad griega, la inmortalidad era una idea familiar, pero el modo judío de describirla como "la Resurrección", creó dificultades graves, a tal punto que muchos en la iglesia de Corinto negaban esta doctrina . El capitulo 15 de 1 Corintios trata el tema.

Tipos de mujeres en la iglesia de Corinto

Como vimos anteriormente, la congregación de Corinto estaba conformada por una variedad étnica y cultural. Había mujeres griegas, romanas y judías que se habían convertido al cristianismo, así como prostitutas y esclavas. Es necesario conocer un poco del trasfondo cultural de cada una de ellas para entender más específicamente el problema que Pablo estaba enfrentando en sus congregaciones. Empezaremos por la mujer judía.

La mujer judía

Las mujeres judías no habían sido enseñadas a leer o escribir. En los tiempos de Pablo a las mujeres no se les instruía. Eso correspondía a los varones solamente. Entonces las mujeres judías dependían de sus maridos para que les explicara las cosas. Lamentablemente, las mujeres se sentaban separadas de sus maridos durante los servicios religiosos. Cuando ellas no entendían algo durante el servicio, tenían el hábito de dar gritos a través de la asamblea, pidiendo a sus maridos explicaciones. Por eso Pablo les amonestó diciéndoles que aprendieran en silencio.

Las mujeres judías se debían recoger el cabello una vez que salían de sus casas. Andar el cabello suelto era una muestra de sensualidad y de tentación para los hombres. Para evitar esto, muchas mujeres escogían ponerse un velo sobre sus cabezas todo el tiempo.

Las mujeres judías no hablaban con otros hombres que no fueran sus esposos. Esto era denigrante. Si veían a una mujer en público hablando con otro hombre que no fuera su marido, podían acusarla de adulterio. Como regla general, la comunidad judía no favorecían la extravagancia en el vestido, y había pocos adornos en ellos. Cuando una mujer judía se convertía al cristianismo mantenía su manera de vestir, aunque algunas mujeres eran influenciadas por las costumbres greco-romanas de la época, adaptando algunas de sus modas y estilos.

Dentro de la comunidad Judía, había otro tipo de

mujeres: las prostitutas. Las prostitutas judías se cubrían la cara con un velo. Por esa razón, Judá confundió a Tamar, su nuera, con una prostituta.

Génesis 38:15 dice: "Cuando Judá la vio, la tuvo por una ramera, pues ella había cubierto su rostro."

Existían dos tipos de prostituta en ese tiempo: las llamadas Zanah y las qĕdeshah. Zanah era la prostituta común y qĕdesah era la prostituta ritual o la que ejercía la prostitución sagrada. Este tipo de prostitución era una forma de magia realizada como un rito de fertilidad, teniendo relaciones sexuales como parte de la adoración a un dios pagano. Esta costumbre era condenada.

»No haya ramera entre las hijas de Israel, ni haya sodomita de entre los hijos de Israel. No traerás la paga de una ramera ni el precio de un perro a la casa de Jehová, tu Dios, por ningún voto, porque abominable es para Jehová, tu Dios, tanto lo uno como lo otro." Deuteronomio 23:17

Estas mujeres cuando se convertían al cristianismo tendían a continuar sus prácticas paganas y por eso Pablo tuvo que llamarlas a orden .

La mujer griega

En la Grecia de Platón y Aristóteles ser mujer no era, desde luego, algo deseable. Las mujeres tenían prácticamente el mismo estatus social que los esclavos, lo que suponía que no podían participar en la política ni tener derechos cívicos de ninguna clase. Inclusive, sus esposos podían pegarles un cierto numero de veces por año. Aun los niños eran maltratados. Las golpizas regulares de los niños eran mandatorios ; los niños , después de todo, como los esclavos , sin embargo, tenían que llegar a un nivel de racionalidad . (Fisher, N. R. E.1998 'Violencia, masculinidad y Ley en Atenas Clásica L. Foxhall y J. Salmon (eds), Cuando los hombres eran hombres. Masculinidad, Poder e Identidad en la Antigüedad Clásica, Londres, 68–97)

Normalmente las mujeres estaban encerradas en casa, saliendo con ocasión de las fiestas religiosas o para visitar amistades. Su ocupación giraba en torno a la educación de los hijos y a la dirección de las labores domésticas realizadas por la servidumbre.

No participaban de los grandes banquetes y dormían separadas de sus esposos, que las requería en la cámara nupcial cuando deseaba mantener relaciones sexuales con ellas. Por eso Pablo escribió a los Corintios:

"No os neguéis el uno al otro, a no ser por algún tiempo de mutuo consentimiento, para ocuparos sosegadamente en la oración. Luego volved a juntaros en uno, para que no os tiente Satanás a causa de vuestra incontinencia." 1 **Cor.7:5**

Todo esto hacía difícil que hubiera un acercamiento igualitario y satisfactorio entre hombres y mujeres o, incluso, entre esposos.

En la vida religiosa había muchas sectas, y estas sectas admitían a los grupos marginales, entre ellos a las mujeres.

Por eso los maridos recurrían a las concubinas y a las cortesanas llamadas: hetairae.

Las griegas celebraban las fiestas del dios Dionisio de una manera desbocada y lujuriosa, vestidas con pieles de animales, andaban errantes, embriagadas y en éxtasis por los campos y los bosques, sembrando el terror. De ahí que se les diera el nombre de Ménades,

(Symposia) Fiesta donde asistían las hetairae, prostitutas de alto rango en la antigua Grecia

La única oferta de empleo público de la importancia que tiene para una mujer era como una sacerdotisa religiosa .

Las prostitutas hetairae eran las mujeres más importantes de Grecia. Eran muy cultas y letradas. Capaces de conversar de filosofía y política servían como compañeras de conversación. En el Symposia estas mujeres tomaban el rol de compañeras. El symposia era una fiesta donde se tomaba y desarrollaban diversas actividades sexuales e intelectuales.

Tenían sus propias casas y atendían a sus clientes en la paz de su casa. Eran prostitutas de alto rango, que podían satisfacer las necesidades físicas de los griegos, tanto como sus necesidades intelectuales. Le daba la oportunidad al hombre de discutir temas importantes con "otro igual" a él.

En la sociedad griega por eso era tan común la homosexualidad, debido a la necesidad del hombre de tener un compañero sexual de un mismo nivel intelectual.

Sin embargo, estas hetairae no tenían ningún respeto genuino por los hombres. Las Hetairae eran mujeres influyentes e importantes y si alguna de ellas se convertía al cristianismo, tendía a mantener su concepto cultural con respecto a los hombres.

Mientras que las mujeres respetables usaban vestidos de lana o lino para evitar que su cuerpo fuese objeto de las miradas de hombres que no fuesen sus maridos, las hetairae vestían ropajes de gran transparencia, que en muchas ocasiones eran de color azafrán. También se maquillaban con polvos blancos, moda que sugería que una mujer con la piel blanca no tenía que trabajar, es decir, que no estaba expuesta al sol por necesidad. Sus peinados, como los de las mujeres de clase alta, eran complicados y llenos de cabellos postizos.

Otro tipo de mujer griega influyente era la Piutia Πυθία que era la sacerdotisa del dios Apolo. Los peregrinos venían de todo el mundo para hacer preguntas al oráculo. Estos peregrinos eran todos hombres, y era muy raro que hicieran preguntas importantes a una mujer. Pero la Piutia daba consejo a los ejércitos y a los líderes políticos de la época con respecto a leyes, y al gobierno. Sus palabras de sabiduría fueron tomadas muy seriamente y enormemente influyeron en el desarrollo de Grecia. Las mujeres griegas, durante el periodo clásico, usaban bufandas lo

suficientemente largas como para cubrir sus rostros cuando salían en público. Por otro lado las muchachas griegas
usaban su cabello suelto y las casadas se
lo trenzaban y arreglaban sujetándolo.
Era símbolo de su estado civil.

Algunas copiaban la costumbre de las
hetairae de trenzarse el cabello con oro y piedras preciosas
e inclusive teñirse el cabello con peróxido. Estas modas
serán rápidamente adaptadas por
las mujeres decentes, provocando
continuas equivocaciones según
cuentan algunos cronistas.

Otras prostitutas,
usaban su cabello
demasiado corto
(como el de los hom-
bres) y otras que servían en los templos de
sus dioses, se rapaban completamente. También las esclavas llevaban su cabello corto.

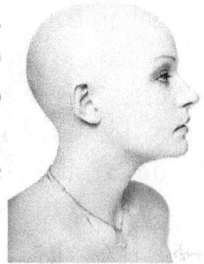

En el caso de Corinto, algunas de las mujeres no sabían
cómo conducirse decorosamente ni con orden. Debido a la
idiosincrasia del lugar y de los pecados que abiertamente se
practicaban era muy difícil romper con esquemas de pensamiento muy arraigados.

Es por esa razón que el apóstol Pablo tenia que instruir
a las mujeres de diferente trasfondo cultural, enseñándoles el
diseño original que Dios ordenó y planeó desde el principio.

Las mujeres romanas

Por otro lado las mujeres romanas, cuando se convertían al cristianismo, no dejaban los roles esperados en la cultura romana.

El papel principal que desempeñaban las mujeres en Roma era la de fiel y abnegada esposa ya que dependían en todo momento de su marido. Pero con el pasar del tiempo, ellas se convertían en cabeza de hogar, dirigían negocios, eran independientemente prósperas, y viajaban con sus propios esclavos y ayudantes.

Esta mezcla de culturas dificultaba un poco la labor del apóstol Pablo. A señoritas lo mismo que a jóvenes se les permitía ir a la escuela, pero hay evidencia que más jóvenes varones que señoritas aprovechaban este privilegio.

Estas mujeres usaban peinados demasiado elaborados y joyas. Igual que las mujeres judías el llevar el cabello recogido era un símbolo de su estado civil. (casadas o solteras).

La sobriedad en las mujeres cristianas, era vital, y esto causaba divisiones.

Las mujeres romanas eran muy elegantes a la hora de arreglar sus cabellos, y esa tendencia también influenciaba la iglesia, donde las mujeres se esmeraban en su atavío. Muchas de ellas copiaban algunas cosas de las prostitutas, y creaba un doble estándar.

Las Prostitutas Romanas

Las prostitutas romanas tenían que llevar vestimentas diferentes, teñirse el cabello o llevar peluca amarilla; llevar joyas en el cabello y accesorios exagerados, para poder diferenciarse de las mujeres comunes. Muchas de ellas derretían el oro y la plata y se las incrustaban en su cabello, como si fuera parte de él.

Estas prostitutas debían inscribirse en un registro municipal, además de recibir educación para el placer y la conversación, eran mujeres de amplia cultura general. Las prostitutas Romanas se llamaban: MERETRICES.

Las meretrices recibían un pago a cambio de su cuerpo. Se ponían capas espesas de maquillaje, se agrandaban los ojos con carboncillo, se afeitaban completamente y se les prohibía el uso del velo.

Por ley debían vestirse de cierta manera para evitar ser confundidas con las matronas decentes, aunque estas últimas irónicamente decidían imitar a las prostitutas para salir de sus poco atractivos atuendos.

Hágase todo decentemente y en orden

De nuevo debo recalcar la necesidad que el Apóstol Pablo tenía de poner orden en sus congregaciones.

Dichas congregaciones se conformaban por judíos y gentiles, esclavos y libres, hombres y mujeres. Mujeres Romanas, griegas y judías tenían que aprender a convivir juntas en respeto y amor. Por lo tanto, era necesaria una armonía y orden civil y divino en las reuniones.

Muchas de estas mujeres paganas, cuando se convertían, llegaban a la iglesia tal cual se encontraban en su momento de convertirse. Si estaba rapada (sacerdotisas de dioses paganos o prostitutas sagradas), con el cabello corto, con incrustaciones, etc. así llegaba a las reuniones de la congregación. Entonces esto se prestaba para juzgar indebidamente.

Imaginemos entonces la escena. Había congregaciones donde las mujeres llegaban con su cabello corto, otras suelto, otras con velos. Unas mujeres de personalidad más fuerte se atrevían a contradecir a sus esposos en público, a corregirles e incluso a faltarles el respeto. Otras, les gritaban a sus maridos de un lado a otro del lugar para hacerles preguntas.

Otras mujeres llegaban luciendo vestidos caros, con incrustaciones de oro y perlas en sus cabellos, otras sin maquillaje alguno, otras demasiado maquilladas, con peinados elaborados y ostentosos.

Esto producía una confusión grande entre los miembros de la congregación. ¿Cómo saber si una mujer de cabello corto no era prostituta? ¿O la que se ponía incrustaciones de perlas y oro, acaso era una matrona o una mujer fácil? ¿Cómo sabía un varón que cuando una mujer cristiana andaba su cabello suelto, era casada o soltera? El cabello para el judío era el símbolo de su estado civil. Como las prostitutas se vestían de manera diferente y usaban ciertos accesorios para llamar la atención de los hombres, ciertas mujeres en la iglesia estaban adoptando dichos accesorios para llamar la atención también. Por eso Pablo amonesta a la congregación y les escribe con referencia a su atuendo, y presentación personal.

Para las griegas seguramente era horrible ver a las judías con su cabello escondido en el velo siempre y para las judías seguramente significaba un acto indecoroso que las griegas llevaran su cabello suelto en la congregación.   Por otro lado, las romanas con sus vestiduras y decoraciones exageradas, se podían confundir también con las prostitutas que teñían sus pelucas y que usaban oro y ornamentos en exceso. Varios autores señalan que las prostitutas romanas usaban sobre sus cejas rótulos inscritos con sus nombres.

Pablo nunca denigró a la mujer, al contrario, la protegió y la quiso llevar al lugar que Dios quiso que estuviera desde el principio. Pablo escribió que la mujer fue creada porque el hombre no estaba complementado sin ella. Escribió que la mujer no es sin el hombre ni el hombre es sin la mujer. Que la mujer es la gloria de su esposo, por lo tanto, no debe ridiculizarlo o avergonzarlo. Por eso Pablo, notando todas estas "modas culturales", quiso proteger el estado de la mujer. El uso del velo ayudaba también a que una mujer no fuera confundida con una prostituta (lo cual muchas habían sido en su pasada manera de vivir, pero no en Cristo Jesús), y que otras no se concentraran en peinados ostentosos y de piedras preciosas y oro (costumbre que tenían las prostitutas).

No seáis tropiezo

Pablo escribió: *"No seáis tropiezo ni a judíos, ni a gentiles, ni a la iglesia de Dios; como también yo en todas las cosas agrado a todos, no procurando mi propio beneficio, sino el de muchos, para que sean salvos. "*. 1 Cor. 10:32

La palabra tropiezo ἀπρόσκοπος (aproscopos) en el original del griego koiné es muy interesante:

Significa:
1) no dar de qué hablar o causar tropiezo
2) No hacer que otros pequen debido a nuestro estilo de vida
3) no ofender

Nos debe unir la ley del amor y del respeto. *"Si, pues, coméis o bebéis, o hacéis otra cosa, hacedlo todo para la gloria de Dios"* 1 Cor. 10:31.

Cuando Pablo pidió a la mujer usar ropa modesta, quiso decir (en el original): Adornarse y ponerse en orden. Embellecerse con honor. Que escogieran atuendos bonitos y atractivos, pero usando la moderación.

"Asimismo, que las mujeres se atavíen (κοσμέω KOSMEO: *adornarse y embellecerse con honor)* de ropa decorosa, con pudor y modestia: no con peinado ostentoso *(trenzado cuidadosamente)* , ni oro ni perlas *(Pablo estaba hablando de no trenzarse el oro y las perlas en el pelo, como lo hacían las prostitutas romanas)* ni vestidos costosos (himation), sino con buenas obras, como corresponde a mujeres que practican la piedad. 1 Tim. 2

Que nuestro atractivo, como mujeres, radique en la delicadeza de carácter y forma de ser. Que la hermosura SEA DE UN ESPÍRITU APACIBLE, como dice la Escritura. Cuando nos convertimos en el apoyo y ayuda idónea verdadera del varón, Dios mismo nos da todos los deseos de nuestro corazón.

Seamos la gloria de nuestros esposos, y ellos serán un líder verdadero según la Palabra de Dios.

Decidamos hoy sujetarnos a nuestros esposos y ponernos a su disposición, como coherederas de la gracia en Cristo Jesús.

La iglesia de Éfeso

Éfeso era una ciudad de Lidia, en la costa oriental de Asia Menor, a mitad del camino entre Mileto al Sur y Esmirna al norte.

Poseía el célebre templo de Artemisa (Diana), que representaba a una diosa madre cuyo torso estaba totalmente cubierto de pechos.

ruinas del templo hoy

Se decía que una imagen suya había caído del cielo. Era adorada en toda Asia, en un templo construido de mármol escogido. Pablo llegó a Éfeso y dejó a Aquilas y a Priscila allí para que se hicieran cargo de la obra. Leer: Hechos 18:19.

Fue en Éfeso que un judío llamado Apolos, natural de Alejandría, hombre elocuente, poderoso en las Escrituras, hablaba y enseñaba diligentemente lo concerniente al Señor, aunque sólo conocía el bautismo de Juan. Entonces Priscila y Aquila tomándolo por aparte le expusieron con más exactitud el camino de Dios. Como se narra en Hechos 18:26.

Cuando Pablo regresó a Éfeso se encontró con varios discípulos quienes le dijeron que nadie les había hablado del bautismo en el Espíritu Santo, sino que habían sido bautizados en el bautismo de Juan (Hechos 19).

Pablo estuvo en Éfeso poco más de tres años.

Mapa de Éfeso

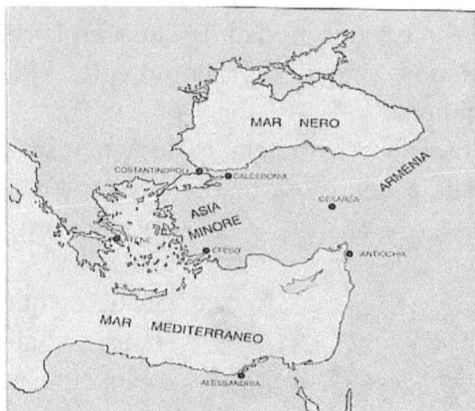

Éfeso era una ciudad idólatra y Pablo predicaba que los dioses no eran los que estaban hechos de manos de hombres, por lo que se armó un motín debido a que los fabricantes de ídolos se quejaban de Pablo por arruinarles el negocio. *Hechos 19:26*.

Entonces Pablo dejó a Timoteo en Éfeso para evitar que la iglesia fuera corrompida por falsas doctrinas.

Las mujeres en Éfeso:

Gran parte de las mujeres en Éfeso participaron alguna vez de los cultos sagrados de la diosa Diana o Artemisa. Esta diosa no era griega sino asiática. Los eunucos eran usados en su culto, práctica que los griegos no aceptaban.

"La Abeja"

Esta diosa era adorada en Palestina bajo el nombre de Astarot. Se llevaban a cabo las relaciones sexuales como parte de su adoración. Había muchísimas sacerdotisas en el templo y eran llamadas "las abejas".

Estas mujeres mantenían muchas creencias paganas de la religión en Éfeso. Pablo les reprende por su ropa indecente y les dice que se "vistan modestamente, con decencia y propiedad, no con pelo trenzado u oro o perlas pero con buenas acciones, propias de mujeres que profesan adorar a Dios. Pablo sintió que estas mujeres no adoraban realmente a Dios, sólo profesaban adorarlo. Es muy probable que también hayan estado enseñando doctrinas falsas.

"Como te rogué que te quedaras en Éfeso cuando fui a Macedonia, para que mandaras a algunos que no enseñen diferente doctrina ni presten atención a fábulas y genealogías interminables (que acarrean discusiones más bien que edificación de Dios, que es por fe), así te encargo ahora." 1 Timoteo 1:3-4

El pronombre "algunos" τις es neutro e involucra hombres y mujeres que atendían a mitos paganos y falsas doctrinas.

¿Fue por eso que Pablo prohibió a la mujer hablar o predicar en la congregación? ¿Se lo prohibió a todas? ¿A qué mujeres estaba refiriéndose?

Capítulo 4

¿Pueden hablar las mujeres?

¿Por qué Pablo pidió que las mujeres no hablaran en las congregaciones?

"Vuestras mujeres **callen (griego: sigao)** en las congregaciones; porque no les es permitido **hablar (griego: Laleo)**, sino que estén sujetas, como también la ley lo dice" 1 Corintios 14:34

Según el Diccionario Lexicon Griego de *Henry George Liddell, Robert Scott*, encontramos la siguiente definición del verbo en cuestión.

Laleo λαλεω:
emitir ruido, sonidos
hablar, contar
balbucear, charlar y romper el silencio

Pablo no dijo en ningún momento que la mujer no podía expresar sus puntos de vista con respecto a un tema o doctrina. Tampoco se refería a que la mujer no participara activamente en el servicio del culto de la iglesia. Recordemos que en el contexto del pasaje bíblico , se habla de la adoración y la profecía (ambos dones HABLADOS no exclusivos de un género determinado sino para ambos: hombre y mujer)

Si Pablo NO hubiera querido que la mujer predicara o enseñara, exhortara o ministrara en la congregación, hubiese usado el término griego: λέγω **LEGO**.

Este verbo en el griego Koiné significa: afirmar una idea utilizando un discurso. Enseñar o exhortar. Demostrar un punto de vista de manera oral.

Si el apóstol Pablo NO hubiera querido que la mujer recitara información, o que repitiera información a un discípulo, adoctrinar o contestar preguntas en la congregación, hubiera usado el verbo: ἀποστοματίζω *apostomatizō*. Pero sin embargo, escogió usar el verbo LALEO.

Lo que el apóstol Pablo repudiaba era que las mujeres se sentaran a platicar entre ellas y que "cuchichearan" haciendo ruido y sonidos estorbosos cuando la reunión, servicio o culto de la iglesia se estaba llevando a cabo. Por la misma razón que a cualquiera le molestaría que alguien estuviera hablando o charlando haciendo ruido mientras uno está exponiendo una idea o enseñando algo al resto de la gente.

Por eso, él pidió que las mujeres guardaran silencio. Sigao. No significa que no hablaran del todo, sino que guardaran silencio para prestar atención. Sigao implica estar tranquilo, callado, con el fin de prestar atención.

"Y si quieren aprender algo, pregunten en casa a sus maridos; porque es indecoroso que una mujer hable (λαλέω) en la congregación." 1 Corintios 14:35

Para Pablo era indecoroso y era un insulto que la mujer interrumpiera, hablara por hablar o hiciera ruido mientras él estaba predicando. En esto vemos a un apóstol bastante estricto en su manera de dar instrucción. Sin embargo, estudiando el contexto de la iglesia de Corinto, logramos entender mejor a Pablo.

Cuando Pablo escribió con respecto a que las mujeres guardaran silencio en la congregación, se refería a que no hicieran un "tumulto" o un "desorden", porque Dios es un Dios de paz.

En 1 Cor. 14:38 Pablo concluye: Hágase todo decentemente y en orden".

Recordemos una vez más que la palabra griega usada por Pablo en 1 Corintios 14:34 para denotar silencio, es la palabra SIGAO, que se refiere a un silencio "voluntario". Cuando la mujer deseaba aprender.

El griego tiene unas 30 palabras para el verbo "hablar". 5 denotan predicación o proclamación, 25 significan decir, hablar, o enseñar. Pablo no escribió ni enseñó que las mujeres no deben enseñar, predicar, declarar, dar un discurso, afirmar, o hablar acerca de algo. Pablo usó el termino "laleo" - una palabra que puede significar simplemente "conversar". También "romper el silencio". Si en griego, usted quisiera decir, "Por favor no hable durante la adoración," usted usaría la palabra laleo.

Las instrucciones de Pablo eran para una iglesia donde el tumulto y la discordia durante el servicio de adoración eran comunes. Por eso les dijo a las mujeres: "NO LALEEN" - no dialoguen ni interrumpan.

En Corinto, donde la adoración era tumultuosa con la charla de mujeres no acostumbradas a escuchar silenciosamente a otros, Pablo estaba aplicando un principio del cual él escribió en su carta a los Efesios, "Estén sujetos (hupotassomai) los unos a los otros, en reverencia para con Cristo." Ef. 5:21.

Hablar cuando se tiene algo que decir

Es triste que cierto número de mujeres utilice la mayoría de su tiempo en conversaciones infructuosas y actividades superficiales. Pero gracias a Dios una gran mayoría se está dedicando a cambiar la "reputación" que por años las mujeres han tenido, de hablar mucho y de hablar sin sentido.

El filósofo griego Platón dijo una vez: *"Los sabios hablan porque tienen algo que decir; los necios hablan porque tienen que decir algo".*

No siempre "hay" que tener algo que decir. Es bueno dar reposo a la mente y disfrutar el escuchar a otros. La persona que sabe escuchar es bien apreciada y buscada por muchos.

La mujer por naturaleza, tiende a concentrarse en la comunicación "sonora". Es menester aprender otros tipos de comunicación que muchas veces son más eficaces.

Cuando descubrimos la riqueza que existe en el "arte de escuchar", valoramos cada momento que ha sido destinado a poner atención con el propósito de aprender algo nuevo de los demás.

La Charlatanería vrs La Prudencia

Tener el don de la "charlatanería" *(Conversación insustancial, indiscreta o con intención de embaucar)* no es un don de Dios. La persona que habla mucho debe tomar en cuenta lo que se nos amonesta en el libro de los Proverbios, Capítulo 10 y verso 19: *"En las muchas palabras no falta pecado; mas el que refrena sus labios es prudente."*

Es muy importante además, que sepamos decir las cosas a su debido momento. Si hablamos antes de tiempo, arruinamos la comunicación.

Darse oportunidad a que cada cual comparta sus pensamientos y opiniones es la manera más eficaz de llevar a cabo una conversación.

Saber escuchar es una cualidad. *"Al que responde palabra antes de oír, le es fatuidad y oprobio"* (Proverbios 18:13)

La persona que sabe escuchar demuestra sabiduría y control. Quien habla por demás, tiene una mayor probabilidad de cometer equivocaciones que pudieron ser evitadas. Palabras impensadas y espontáneas revelan a los oyentes aspectos de nuestra naturaleza. Afectarán nuestra reputación para bien o para mal, y una buena reputación es algo más precioso que las riquezas.

"Más vale el buen nombre que las muchas riquezas, y la buena fama vale más que la plata y el oro." (Proverbios 22:1)

La Comunicación

Según el *Lic. Genaro D. Salom* en su compilación sobre la comunicación, la comunicación se puede definir como:

"la transferencia de ideas o pensamientos basados en "data" y / o "información" la cual pasa al consciente mediante el subconsciente. Usando nuestro alfabeto la convertimos en material escrito o la verbalizamos emitiéndola al receptor o a un grupo de recipientes."

Muchas veces alteramos dicha información y entonces se comienza a ocupar gran cantidad de espacio en nosotros, o saturamos nuestra capacidad de recibir más y entonces se distorsiona aun más. Eso sucede por ejemplo con el chisme.

Las diferentes definiciones o interpretaciones pueden conducir a malas conclusiones.

No es nuestra responsabilidad el crear acontecimientos o lo que es peor manipularlos según intereses particulares.

Las personas que tienen un sistema de comunicación interna o externa inadecuado no pueden competir exitosamente y operan de manera desorientada por falta de congruencia comunicativa.

Qué hacer para evitar problemas al hablar:

Lo primero es estar conscientes de que existe una deficiencia comunicativa en todos nosotros, unos más otros menos, pero nadie está excluido.

Tratemos de entender que debemos mejorar nuestros sistemas de comunicación en el ámbito Interpersonal, social y empresarial.

Aprendamos a usar la "información original o data cruda" y no nos "saturemos" con una sobreabundancia de información, acuérdense que "el consciente tiene un limite de memoria". Más aún, si la información que ingerimos es fallida o distorsionada se nos daña *el disco duro.*

Usemos las menos palabras posibles, escritas o verbalizadas. Este método facilita grandemente la comprensión por parte del receptor. Vayamos al grano.

"No te apresures, ni con la boca ni con la mente, a proferir ante Dios palabra alguna; él está en el cielo y tú estás en la tierra. Por lo tanto sean pocas tus <u>palabras</u>." Eclesiastés 5: 2

Consejos para mejorar su Comunicación:

• Desarrolle habilidades de comunicación
• Diferencie información y comunicación. La comunicación es percepción, crea expectativa y plantea exigencias. La información aumenta el conocimiento, comunica novedades. Para que la comunicación continúe existiendo necesita de reciprocidad. De un emisor y un receptor. La información no.
• Escuche abiertamente
• Logre mensajes convincentes
• Emplee formas alternativas de plantear las cosas
• Utilice diversos tipos de lenguaje.
• Haga uso de la PAUSA

A lo largo de toda la Biblia, se nos anima a no proferir palabras vanas, ni a hablar por hablar. Esto es un grave problema de comunicación. Cuando la persona solo quiere hablar sin querer escuchar lo que el receptor tiene que decir, entonces no hay intercambio de ideas. Solamente envío de información. Estamos saturando el "disco duro de la otra persona".

Lo que decimos y cómo lo decimos nos afectará positiva o negativamente, tanto a nosotras mismas como a los que nos escuchan.

Es tan importante darle a la gente el regalo de una buena conversación. El regalo de ser escuchados. Si nos propusiéramos que cada vez que hablemos tengamos algo de "contenido eterno" para los demás, seria todo muy diferente. Cuando digo decir algo de "contenido eterno" me refiero a sembrar verdades, principios y leyes espirituales en los otros. En Proverbios 29:20 leemos: "¿Te has fijado en los que hablan sin pensar? ¡Más se puede esperar de un necio que de gente así! "

Y en Santiago 1:19 leemos: *"Mis queridos hermanos, tengan presente esto: Todos deben estar listos para escuchar, y ser lentos para hablar y para enojarse"*

Una de las habilidades más importantes al escuchar es simplemente hacer una pausa antes de responder. En vez de saltar con lo primero que se le ocurra tómese cinco segundos para hacer una pausa y esperar. *"Los buenos oyentes son maestros de la pausa. Se sienten cómodos con el silencio. Cuando la otra persona deja de hablar, ellos respiran, sonríen y esperan antes de decir algo."* Lic. Alejandro Wald, conferencista, capacitador y autor.

Si lo analizamos, la conversación necesita de armonía para lograr una buena comunicación. Es como en la música. La armonía también está determinada por las pausas existentes entre las notas musicales. Una obra musical no está saturada de melodía. La pausa hace que la obra no canse ni embote a quien la escucha.

Los Beneficios de la Pausa

- Evita el riesgo de interrumpir a la persona que esta enunciando el mensaje.
- El silencio habla de tener consideración. Con su pausa, usted hace sentir a su prospecto más valioso. Y aumenta su auto estima.
- Se aprende a escuchar mejor cuando hacemos pausas. Se comprende mejor al emisor cuando la pausa existe. Usted se vuelve una persona más atenta y pasa a ser una persona con quien vale la pena mantener una conversación.

Nuestras palabras, dichas con delicadeza y consideración, pueden producir resultados benéficos y duraderos. En cambio, dichas sin cuidado ni consideración, traen consecuencias nocivas y problemas trágicos. Hagamos un alto para analizar las cosas que decimos en nuestra conversación diaria. **"Manzana de oro con figuras de plata es la palabra dicha como conviene". Prov. 25:11**

Lo que nos enseña la Palabra de Dios

La Biblia nos da principios y nos da pautas a seguir para lograr y mantener una buena comunicación y una conversación exitosa. Dios puede ayudarnos a poner las palabras correctas en nuestra boca con el fin de que vivamos vidas exitosas y realicemos el trabajo que Él nos ha propuesto, de manera efectiva.

A lo largo de la Palabra encontramos dos términos muy parecidos el uno del otro y en muchas ocasiones los eruditos los han traducido de manera intercalada, interrelacionándolos. Son dos términos griegos que aparecen a menudo en el Nuevo Testamento. Y cada uno, puede mejorar nuestra comunicación. Pero también encontramos similitud o equivalencia para esos términos en el Antiguo Testamento.

"No te apresures, ni con la boca ni con la mente, a proferir ante Dios palabra alguna; él está en el cielo y tú estás en la tierra. Por lo tanto sean pocas tus palabras."
Eclesiastés. 5: 2

Cuando la palabra de Dios se refiere a "las palabras o dichos de la boca" en el Antiguo Testamento, utiliza en su mayoría de las veces el verbo: **dabar**, que aparece 807 veces.

La palabra griega equivalente en el Nuevo Testamento a la usada aquí en el hebreo es "**logos**".

Análisis de la terminología

La forma griega "logos" tiene el siguiente significado que también el término dabar en el hebreo tiene:

- una palabra emitida que encierra una idea definida
- el acto, facultad, habilidad y práctica de dar un discurso
- es la facultad mental de pensar, razonar y meditar

Cuando hablamos de término "logos" no nos referimos al mismo como sinónimo de "palabra" (parte de la oración, gramaticalmente hablando) sino a la combinación de palabras que al ser emitidas encierran un mensaje o una idea. Cuando un arquitecto por ejemplo tiene un plan en su mente para construir, una idea de lo que hará, un plano, esa idea es el logos.

A veces en nuestra necesidad de expresarnos, hablamos por hablar. Emitimos solo palabras. Siempre tenemos algo que decir, aunque no tenga sentido. A veces no tenemos un plan ni un objetivo. Cuando esto sucede, necesitamos del logos de Dios.

En Eclesiastés 5: 3 leemos *"La voz del necio es conocida por la multitud de sus palabras"* *"quien mucho habla dice tonterías."* (Versión Popular)

Pero también hay que tener cuidado con el

mensaje, la idea y el concepto que estamos transmitiendo. Porque de dichas palabras se nos pedirá cuentas: *"Porque por tus palabras se te absolverá, y por tus palabras se te condenará."* Mateo 12:37

Cuando tenemos un plan, un plano, una idea y un objetivo, tenemos el logos o la logística de ese plan. Pero necesitamos ayuda de parte de Dios para que dicha logística, o conversación de un resultado efectivo y fructífero en la vida de las personas que nos escuchan.

Es entonces que necesitamos el REMA de Dios para llevarlo a cabo. El término: Rema. Aparece 56 veces en el Nuevo Testamento. Su significado esta muy relacionado con el término logos. Se complementan el uno al otro.

Toda mujer cristiana debe tener un logos y un rema de Dios para que sus palabras den fruto y no sean palabras necias.

La mujer que no tiene palabras de sabiduría, genera contiendas. Y qué horrible es convertirse en una mujer pendenciera.

*"Mejor es vivir en tierra desierta que con la **mujer** pendenciera e irascible." Prov. 21:19 "La mujer pendenciera es como una gotera continua en tiempo de lluvia" Prov.27:15*

Pero la mujer virtuosa: "Abre su boca con sabiduría y la ley de la clemencia está en su lengua." Prov.31:26

A continuación voy a explicar un poquito la diferencia entre estos dos términos.

Capítulo 5

λόγος ῥῆμα

Logos y Rema

Diferencia entre Logos y Rema:

"Porque el que Dios envió, las **palabras** (rema) de Dios habla: porque no da Dios el Espíritu por medida." Juan 3:34

"Mas él respondiendo, dijo: Escrito está: No con solo el pan vivirá el hombre, mas con toda **palabra** (rema) que sale de la boca de Dios."

"Tomad el yelmo de la salvación, y la espada del Espíritu, que es la **palabra** de Dios". Efesios 6:17

El pastor Doug Joseph pone este ejemplo con el fin de explicar ambos términos de manera muy efectiva: La roca derretida se llama "lava" mientras se encuentre bajo tierra (antes de ser manifestada) Pero la misma piedra derretida es llamada "magma" una vez que ha sido expelida a tierra. (una vez manifestada). El plan de Dios antes de ser expresado es llamado "logos" pero una vez que se manifiesta y se expresa se llama "Rema". Pero es la misma palabra.

"Ninguna palabra corrompida salga de vuestra boca, sino la que sea buena para la necesaria edificación, a fin de dar gracia a los oyentes." Efesios 4:19

Hablemos correctamente y con sentido

"...de la abundancia del corazón habla la boca" Mat. 12:34

Uno puede conocer un poco más a fondo a una persona por las cosas que habla y dice. Por eso es tan importante escoger nuestros pensamientos, ya que somos juzgados por lo que decimos. Cuando el corazón está lleno de gozo, de paz, eso reflejará. Lo mismo si la persona está llena de amargura, resentimiento y falta de perdón.

"Te has enlazado con las <u>palabras</u> (Heb: emer y aparece 43 veces en el A.T) de tu boca, Y has quedado preso en los dichos de tus labios." Proverbios 6:2

Porque tan peligroso es:
- hablar por hablar, *como*
- hablar cosas incorrectas *como también*
- hablar en el momento y tiempo inadecuado

La palabra hablada en el momento oportuno

El deseo de comunicación en el hombre hace que en su desesperación por comunicar lo que siente y piensa, profiera pensamientos y conclusiones antes de tiempo o fuera de tiempo.

"El hombre se alegra con la respuesta de su boca; la palabra a su tiempo, ¡cuán buena es" (Proverbios 15:23)

En el hebreo la expresión "eth" significa "en la temporada u oportunidad correcta." Equivale a la palabra Kairos en griego.

Cuando discernimos el tiempo o la temporada correcta, los pensamientos y palabras que salen de nuestra boca se convierten en un arma poderosa que servirá para edificar o destruir.

Aprendamos a Orar y aprenderemos a Hablar

"Y al orar, no hablen sólo por **hablar** *(battologeo {bat-tol-og-eh'-o} repetir las mismas cosas varias veces, usar mucha conversación frívola, balbucear, charlar. Unos suponen que el origen de esta palabra fue sacada de Battus, un rey de Cyrene, que es conocido por haber tartamudeado; otros de Battus, un autor de poemas aburridos y verbosos)* como hacen los gentiles, porque ellos se imaginan que serán escuchados por sus muchas palabras." Mateo 6:7

Muchos de los grupos de oración e intercesión están llenos de mujeres. Y no es porque la mujer sea más santa o dedicada a las cosas de Dios, o que sea más espiritual. Toda persona, hombre o mujer que tienen una relación personal con Dios, debe pasar tiempo con Él.

Lo que pasa es que nosotras las mujeres tenemos una necesidad grande de expresar nuestros sentimientos, y si no discernimos lo que hacemos tendemos a caer en la categoría que no sabe cómo elegir el momento ni el lugar para hablar. A veces suele suceder, que el grupo de oración e intercesión es el único ministerio disponible para las mujeres en algunas iglesias. Pero lo importante es que la mujer no convierta ese ministerio de intercesión en un ministerio para "chismear". Recordemos la diferencia entre comunicar e informar. A la mujer por naturaleza, le encanta dar noticias, pero debemos cuidarnos en no convertir tal noticia en un chisme.

No porque alguien sea "elocuente" quiere decir que tenga el don de "orar". *"Cuénteme para orar"* es una expresión muy común en estos tiempos. Pidámosle al Espíritu Santo que nos de dominio propio y que ponga un guarda en nuestra boca.

Orar, es conversar con Dios. Intercedecer es ponerse en el lugar de alguien más y mediar por esa persona. Ambos verbos implican **COMUNICACIÓN.** La comunicación encierra: emisión, pausa y recepción. Hablamos con Dios, luego nos callamos para poder escucharle y después recibimos de El. Pero si no le damos oportunidad a Dios de hablar, nuestra oración no pasara del techo. Si no le damos oportunidad a Dios de hablar, tampoco escucharemos a nuestros semejantes.

Cuidado con lo que sale de nuestra boca

"Pon guarda a mi boca, oh Jehová;
Guarda la puerta de mis labios." Salmos 141:3

Si lo que va a salir de nuestra boca no va a ser de edificación a los oyentes, ni va a tener contenido valioso e importante, lo mejor entonces es quedarse callado. Las palabras vanas y sin propósito, son un desperdicio de tiempo y esfuerzo.

"Ninguna palabra corrompida salga de vuestra boca, sino la que sea buena para la necesaria edificación, a fin de dar gracia a los oyentes." Efesios 4:29
"La boca del justo habla sabiduría, Y su lengua habla justicia." Salmos 37:30

Considere:

☒ Cuantas vidas, ministerios y reputaciones de personas han sido arruinadas por las palabras calumniosas de una lengua viciosa.

☒ Cuantas veces la unidad y el amor en las congregaciones se interrumpe, porque preferimos abrir la boca y no nuestros oídos a lo que el espíritu tiene que decir a la iglesia.

☒ Cuantas personas han sido desanimadas por haber recibido las palabras erróneas en el momento menos oportuno.

☒ Que solo hablar de uno mismo, apaga y aleja a las personas

Cuando una persona no tiene cosas importantes que hacer, sueños que cumplir, visiones que seguir o planes por realizar, entonces el enemigo comienza a utilizar su mente como un taller. Lo que trae como resultado el chisme y la murmuración.

La Lengua y el Chisme

"Lo que contamina a una persona no es lo que entra en la boca sino lo que sale de ella." Mateo 15:11

Se requiere de una decisión y de acción para poder refrenar ciertas acciones. A veces es mejor morderse la

lengua y evitar decir cosas que no sentimos o que no sabemos.

El ser humano tiende a hablar más rápido de lo que debe escuchar. Pidámosle a Dios que ponga un guarda en nuestra boca. Santiago 1:26 dice que si alguno no puede refrenar su lengua, de nada le vale su religión. *"Si alguno se cree religioso entre vosotros, pero no refrena su lengua, sino que engaña su corazón, la religión del tal es vana." "Guarda tu lengua del mal, Y tus labios de hablar engaño." Salmos 34:13*

Mujeres, eso no fue lo que dijo Pablo

Nigel Nicholson, Doctor en Filosofía, indica que hay dos lados del chisme. El primer lado se refiere a quién comparte el chisme, y disfruta mientras lo hace. El otro lado sería de quien se trata el chisme o quién experimenta los efectos del chisme.

El chisme es también difamación. *"En realidad, me temo que cuando vaya a verlos no los encuentre como quisiera, ni ustedes me encuentren a mí como quisieran. Temo que haya peleas, celos, arrebatos de ira, rivalidades, calumnias, chismes (KATALALIA: DIFAMACION), insultos y alborotos." 2 Corintios 12:20*

"Por lo tanto, dejen de hacer lo malo. No se digan mentiras, no sean hipócritas, no sean envidiosos ni chismosos (chismes: katalalia)." 1 Pedro 2:1

1 Corintios 10:10 dice: *"Ni murmuréis (goguzzo), como algunos de ellos murmuraron, y perecieron por mano del destructor"*

---

goguzzo: murmurar, refunfuñar, quejarse, decir algo en contra en un tono bajo
    a) aquellos que se reúnen a consultar en secreto
    b) aquellos que descontentamente se quejan
"Haced todo sin murmuraciones ni discusiones," Filipenses 2:14
"Hospedaos los unos a los otros sin murmuraciones" 1 Pedro 4:9

Cuando una persona es criticada se debe determinar si la persona que hace la crítica quiere ayudar o herir.

Es fácil criticar a alguien que no nos agrada sin preocuparnos el resultado.

La persona que practica el chisme produce los siguientes resultados en la vida de los demás:

●Revela los secretos de los demás. *"El que anda con chismes revela el secreto; pero el de espíritu fiel lo guarda íntegro"* Proverbios 11:13
●Separa amistades duraderas debido a los malos entendidos. *"...y el chismoso separa a los mejores amigos."* Proverbios 16:28b
●Causa daño interno a los demás. *"Las palabras del chismoso son como bocados suaves que penetran hasta las entrañas. Pero cuánto daño causan!"* Proverbios 18:8.
●Traiciona la confianza de los demás. *"El chismoso traiciona la confianza; no te juntes con la gente que habla de más."* Proverbios 20:19

La persona que practica el chisme y habla palabras vanas y sin sentido, trae para sí misma las siguientes consecuencias:

- **Trae pobreza a su vida.** *"Toda labor da su fruto; mas las vanas palabras empobrecen"* Proverbios 14:23
- **Pasa por necio.** *"Porque de las muchas ocupaciones vienen los sueños, y de la multitud de* palabras *la voz del necio"* Eclesiastés 5:3
- **causa su propia ruina.** "Las palabras del sabio están llenas de gracia, mas los labios del necio causan su propia ruina" Eclesiastés 10:12.
- **Es entregada a la depravación mental.** "Además, como estimaron que no valía la pena tomar en cuenta el conocimiento de Dios, él a su vez los entregó a la depravación mental, para que hicieran lo que no debían hacer. Se han llenado de toda clase de maldad, perversidad, avaricia y depravación. Están repletos de envidia, homicidios, disensiones, engaño y malicia.

- Son **chismosos**, calumniadores, enemigos de Dios, insolentes, soberbios y arrogantes; se ingenian maldades; se rebelan contra sus padres; son insensatos, desleales, insensibles, despiadados." Romanos 1:28-31
- **No logran amistades duraderas**, porque la gente se aleja de los chismosos y de los que hablan demasiado. Proverbios 16:28.
- **Por sus palabras será condenado o justificado.** *"pues por tus palabras serás justificado, y por tus palabras serás condenado."* Mateo 12:37
- **La ira de Dios viene sobre ellos.** *"Nadie os engañe con palabras vanas, porque por estas cosas viene la ira de Dios sobre los hijos de desobediencia."* Efesios 5:6
- **La condenación les amenaza y la perdición les espera.** *"Llevados por avaricia harán mercadería de vosotros con palabras fingidas. Sobre los tales ya hace tiempo la condenación los amenaza y la perdición los espera."* 2 Pedro 2:3

Alejándonos del chisme

"Sin leña se apaga el fuego; sin chismes se acaba el pleito." Proverbios 26:20

Conforme la mujer entra a edad avanzada, la palabra nos enseña que debe crecer también en sabiduría, dominio propio, y convertirse en maestra del bien, transmitiendo a las más jóvenes sus talentos y conocimientos. Esta mujer es el ejemplo que Dios quiere en la iglesia.

Contrario a aquellas que nombra el apóstol Pablo, que en lugar de hacer lo que saben se vuelven perezosas, se acostumbran a andar de casa en casa, llevando y trayendo chismes, metiéndose en asuntos ajenos y hablando lo que no deben. 1 Timoteo 5:13

Qué podemos hacer para no caer en la cadena del chisme:

1. Controlar lo que escuchamos (no prestar oídos a la murmuración)
2. Controlar lo que hablamos (no repetir la información)
3. Tener dominio propio (decidir cortar con la continuidad del chisme)
4. No hablar antes de escuchar (aprendamos a prestar atención)

La lengua del justo es como herramienta de plata

Muchos de los instrumentos médicos que tienen que entrar en contacto con las heridas son hechos de plata. Otros metales tienden a oxidarse o corroerse, lo cual podría causar infecciones al paciente.

La plata, usada como instrumento de cirugía no deja heridas sangrantes. La "lengua del justo" jamás deja heridas sangrantes en los corazones de los que escuchan.

"La blanda respuesta quita la ira" (Proverbios 15:1). Se garantiza la sanidad, porque, "panal de miel son los dichos suaves; suavidad al alma y medicina para los huesos" (Proverbios 16:24).

Hubo medicina en las palabras de Abraham cuando dijo: "No haya ahora altercado entre nosotros... porque somos hermanos" (Génesis 13:8). (Lea también Isaías 50:4.)

El Poder de las Palabras

Alguien dijo que hay por lo menos seis versiones de cada mensaje que se pronuncia: Lo que la persona quería decir, lo que dijo, lo que cree que dijo, lo que sus oyentes querían oír, lo que escucharon y lo que creen que escucharon. Una comunicación defectuosa puede resultar en

mucha confusión y equivocaciones. Es importante detener todo indicio de murmuración en nuestras congregaciones y círculos sociales. El hablar de los demás nos pone en una situación delicada. Pues segaremos lo que estamos sembrando en otros. Es como quien siembra vientos, y termina cosechando tempestades.

Por lo tanto:
1. Sea claro al hablar. Lo que se dice apresurada y descuidadamente puede ser mal entendido.
2. No dé por hecho que ha sido bien entendido. Pregunte a su interlocutor si sus palabras quedaron claras.
3. No deje que interfiera el ruido o las distracciones. Acérquese a la persona con quien habla y mírela a los ojos.
4. Búsquele el sentido a lo que escuche.
5. No lo interprete todo como usted quiera. Ponga atención, entienda el mensaje y luego hállele el significado real.
6. Sea sensible a los sentimientos expresados por el que habla. Los sentimientos, manifestados en los gestos y otras expresiones del que habla tienen un significado importante.

Las palabras dichas son irrevocables. Una vez dichas, las palabras no pueden ser recuperadas. ¿Ha dicho usted algo de lo cual se arrepintió, pero ya no pudo hacer nada por retirarlo? Las palabras construyen o destruyen, animan o desaniman, bendicen o maldicen.

Al abrir su boca para dirigirse a sus amigos, a su cónyuge, a sus hijos o a cualquier otra persona debe recordar que lo expresado quedará en sus mentes y corazones; en ocasiones, mucho más del tiempo que quisiéramos que permaneciera. Un golpe deja una marca temporal, pero las palabras dejan una marca permanente si no se hace algo al respecto.

*"Hay hombres cuyas **palabras** son como golpes de espada, pero la lengua de los sabios es medicina."*
Proverbios 12:18

La muerte y la vida están en poder de la lengua, y el que la ama comerá de sus frutos.
Proverbios 18:21

Capítulo 6

¿Pueden enseñar las mujeres?

¿Pueden entonces enseñar las Mujeres?

1 Timoteo 2:12 *"No permito a la mujer enseñar, ni ejercer dominio sobre el hombre, sino estar en silencio,"* o en 1 Timoteo 2: 9: "Asimismo, que las mujeres se atavíen de ropa decorosa, con pudor y modestia: no con peinado ostentoso, ni oro ni perlas ni vestidos costosos,"*

Es difícil comprender por qué un hombre como el apóstol Pablo se expresaba tan duramente con respecto a las mujeres y su papel en la iglesia. Si yo no hubiera escudriñado las escrituras ni hubiese estudiado los diferentes factores que dieron como resultado tales escritos, jamás hubiese entendido lo que el Apóstol Pablo dijo realmente.

Es necesario tomar en cuenta el estudio exegético de las escrituras, el estudio etimológico de las palabras griegas originales que fueron utilizadas por Pablo, el factor socio-económico de las culturas involucradas, y todo lo que pueda ayudarnos a entender el trasfondo en el cual se encontraban las iglesias a las cuales Pablo escribió.

Para ello recomiendo al final varios libros de texto que utilicé para la finalización de este estudio. Le recomiendo buscar información más amplia y quizás usted encuentre otras fuentes bibliográficas serias que le ayudarán a ampliar su información.

¿Por qué Pablo prohíbe a las mujeres enseñar?

Mujeres, eso no fue lo que dijo Pablo

*"No permito a la mujer **enseñar**, ni **ejercer dominio** sobre el hombre, sino estar en silencio,".* 1 Timoteo 2:12

γυναικὶ δὲ διδάσκειν οὐκ ἐπιτρέπω οὐδὲ αὐθεντεῖν ἀνδρός ἀλλ᾽ εἶναι ἐν ἡσυχίᾳ

Primeramente tomemos en cuenta que este versículo es una prohibición hecha directamente por Pablo y a las iglesias que estaban bajo su jurisdicción.

Era muy común escuchar a Pablo decir: "esto lo digo yo, no el Señor" o "esto lo dice el Señor y no yo". Es claro que Pablo está hablando para un determinado grupo, en un determinado momento. Pablo NO dijo: "Manda al Señor, no yo, que las mujeres no enseñen."

Tampoco NO dijo que las mujeres no enseñaran del todo. La traducción correcta desde el original griego Koiné sería: "No permito en este momento que la mujer enseñe al hombre ni que ejerza dominio sobre él."

El verbo enseñar está en presente infinitivo transitivo, en el original griego: didaskein. Está en voz activa. Lo que denota que el sujeto es el agente de una acción. El verbo didasko tiene la siguiente connotación: enseñar, darle un discurso a alguien para instruirle en público. En el texto original el verbo enseñar y ejercer dominio tienen un sujeto u objeto para dicha acción: el hombre. Puede referirse a cualquier hombre, o específicamente al marido. La Biblia enseña que la mujer casada debe estar sujeta a su propio marido. Pablo no permitía que la mujer ejerciera dominio sobre el marido u otro hombre, ni que le llamara la atención en público. Cuántas veces nosotras, creyendo saber las cosas más detalladamente, queremos ser quien cuente la historia. Lo hacemos con nuestros maridos y en muchas ocasiones hasta con otros varones. Esto está fuera de orden. Estamos denigrando su identidad, y su capacidad de liderato.

En la iglesia primitiva, la mujer podía enseñar y exponer. Tal es el ejemplo de Priscilla que junto con su esposo Aquila amonestaron a Apolos, que era un erudito de Alejandría, muy educado y conocedor de las escrituras que llegó a Éfeso. Hechos 18:24 Pero ellos le tomaron "aparte" y le "expusieron" con más exactitud el camino de Dios. No lo dejaron en ridículo delante de la gente, ni debatieron en quién tenía mayor conocimiento con respecto a las cosas del Reino de Dios.

Jesús también dijo: *"De manera que cualquiera que quebrante uno de estos mandamientos y así enseñe a los hombres, muy pequeño será llamado en el reino de los cielos; pero cualquiera que los cumpla y los enseñe, este será llamado grande en el reino de los cielos."* *Jesús dijo: CUALQUIERA (hombre o mujer)*

Hubo varias razones por las cuales Pablo escribió que la mujer no enseñara al hombre. A continuación voy a detallar algunas de esas razones para comprender mejor lo que la palabra de Dios está diciendo.

Enseñar al hombre

Existen varias razones por las cuales Pablo pudo haber escrito que a la mujer no se le permite enseñar al hombre:

Recordemos que en esa cultura, que un hombre recibiera instrucción de una mujer era inconcebible. Puede ser que Pablo estuviera haciendo referencia a la misma porque de no hacerlo sería contraproducente.

En dicha cultura solamente algunas mujeres eran

cultas o letradas, y lamentablemente, las cortesanas y prostitutas estaban en esa categoría.   Dejar que una mujer enseñara, ponía en una situación difícil a la mujer en general.

Es posible también que Pablo tuviera en mente a cierto grupo de mujeres en dichas congregaciones, que el no deseaba que enseñaran, debido a su trasfondo.

Volviendo al texto de estudio: "No permito a la mujer **enseñar**, ni **ejercer dominio** sobre el hombre, sino estar en silencio," hay algo muy importante que debemos tomar en cuenta. El término griego escrito por Pablo aquí para "*no permito*" ἐπιτρέπω está en un tiempo presente que indica "ahora". "No permito por ahora". Esta es una prohibición temporal y dirigida a un sujeto especifico (las mujeres) en un momento especifico.   Parece que Pablo solo se refiere a las que están casadas porque en el verso siguiente dice que "se salvarán engendrando hijos". Una soltera teniendo hijos es claro que está en fornicación. De manera que Pablo no se estaba dirigiendo a las solteras, a menos que estuviera refiriéndose a ellas en el futuro, cuando estuvieran casadas y engendraran hijos. Una vez más Pablo defiende el valor del matrimonio y la maternidad, pues algunos enseñarían lo contrario. Ver 1 Timoteo 4:3.

Por otro lado, el verbo: "ejercer dominio" en el original es: *Authenteo*. Y tiene un significado muy importante que nos ayudará a comprender este pasaje:

Authenteo, según el diccionario etimológico griego: -se refiere a alguien que mata con sus propias manos a otra persona o a si mismo -alguien que actúa bajo su propia cuenta -alguien que gobierna y ejerce dominio.

En griego tiene tres sentidos directos: "asesino", "dominante" y "hacedor".

La mujer que "mata con sus propias manos" está dominando al varón por la fuerza. Está actuando bajo su propia autoridad y no con una autoridad delegada. Está gobernando y ejerciendo dominio. Se ha convertido en una dominadora. Algunos autores relacionan esta palabra griega con un contexto sexual. Así como las prostitutas en el templo creían que la fornicación acercaba a los creyentes a su dios., seduciendo a los hombres en el templo. Authenteo también ha sido traducido como el involucrarse en inmoralidad sexual de carácter religioso y pagano. Clemente de Alejandría usó la misma palabra, "authentia" para un grupo de mujeres que convirtieron los ágapes cristianos en orgías sexuales. El pasaje de 1 Timoteo 2:12 usa una forma gramatical del mismo verbo, significando "seducir al hombre".

UNA ABOMINACION DELANTE DE DIOS

Toda mujer debe estar sujeta a un varón. La soltera a sus padres o a su cobertura espiritual. La casada, a su marido, y juntos, a una autoridad espiritual. La mujer no debe andar como un llanero solitario sin rendirle cuentas a nadie. Debe estar sujeta primero a Dios, luego a su padre (si es soltera), a su marido (si es casada) y tener la cobertura espiritual de un varón de Dios; así como Priscilla, Febe, Junias, estaban sujetas a la autoridad de sus maridos y la autoridad espiritual de Pablo. La aplicación especifica de este pasaje está íntimamente relacionada con 1 Timoteo 3:12 "Pero es necesario que el obispo sea irreprochable, marido de una sola mujer, sobrio, prudente, decoroso, hospedador, apto para enseñar".

Algunos argumentan con esto que la mujer no ocupe el puesto de obispo en la iglesia, ya que le corresponde sólo al varón como cabeza. La mujer es la ayuda idónea y no la líder espiritual ni en su casa ni en la iglesia. De cierta forma yo también comparto este argumento.

Sin embargo, en lo personal, yo creo que la mujer sí puede enseñar a otros, estando sujeta a su marido y a una cabeza espiritual.

En 2 Timoteo 2:2 leemos: "Lo que has oído de mí ante muchos testigos, esto encarga a _hombres_ fieles que sean idóneos para enseñar también a otros."

El original del griego koiné me llama mucho la atención que la palabra ἀνήρ (aner) no fue la que utilizó el autor para referirse a "varones"; tampoco la palabra ἄρρην (arren) sino que escribió el término ἄνθρωπος (antropos) refiriéndose a seres humanos, incluyendo a todos los individuos: femenino y masculino.

Si el pasaje se refiriera a sólo los varones usaría la misma expresión que es usada en 1 Timoteo 2:8 "Quiero, pues, que los **hombres** oren en todo lugar, levantando manos santas, sin ira ni contienda". Pablo estaba diciendo: "quiero que todos los varones, hombres, oren en todo lugar." Pero en 2 Timoteo 2: 2 el dijo: "...esto encarga a personas o individuos (hombres y mujeres) fieles que sean idóneos para enseñar también a otros."

En Hebreos 5:12 también se incluyen a las mujeres, cuando se refiere a los maestros. ¿Por qué Pablo le dijo a Timoteo que prohibía que la mujer enseñara, y después en su segunda carta le decía que buscara personas fieles (hombres y mujeres) que fueran idóneas para ensenar?

¿No le parece un poco raro? Pablo no se estaba contradiciendo. ¡NO! Simplemente su carta primera fue dirigida a un cierto grupo de mujeres desordenadas, dominantes y rebeldes.

Amadas hermanas, que este no sea nuestro caso. Quitemos de en medio todo feminismo, todo pensamiento dominador y toda rebeldía.

Si vamos a servir a Dios hagámoslo de la manera correcta: estando bajo sujeción y cubertura espiritual.

Capítulo 7

¿Quién es la cabeza?

¿Quién es la Cabeza y qué es ser cabeza?

1 Corintios 11:3 "Pero quiero que sepáis que Cristo es la **cabeza** de todo varón, y el varón es la **cabeza** de la mujer, y Dios es la **cabeza** de Cristo."

Efesios 5:23 "porque el marido es **cabeza** de la mujer, así como Cristo es **cabeza** de la iglesia, la cual es su cuerpo, y él es su Salvador."

En el idioma español, nos referimos a un líder como al que va de primero, al mando, tomando decisiones y dando órdenes. Si esta fuera la connotación de un líder según la Biblia, la palabra equivalente seria: ARJE o ARJO. El líder, por excelencia es Jesús.

Pero la palabra que Pablo escogió para escribir que el hombre es la cabeza de la mujer, no fue ARJE. El termino Arjé en la Biblia corresponde a JESUCRISTO como el primero y el último, el principio y el fin. Ese lugar solo lo puede ocupar el Señor Jesús. El otro término es ARJO y se traduce: gobernante. Por eso Pablo escogió otro término: Kefalé.

Kefalé significa: cabeza, en términos de posición. Implica autoridad, pero no un autoritarismo. El autoritarismo es el abuso de la autoridad, el hacerse obedecer a la fuerza.

El léxico griego inglés más completo (griego Homérico, clásico y koiné) es un trabajo de dos volúmenes de más de 2,000 páginas compiladas por .Liddell, Scott, Jones y McKenzie, publicado primero en 1843. Está basado por el examen de miles de escrituras griegas a

partir del período de Homero (aproximadamente 1000 a.
de J.C.) a aproximadamente el d.J. C. 600 - un período de
casi 1600 años, incluyendo la versión del septuagento y
Nuevo Testamento. Este léxico, explica con ejemplos, los
sentidos comunes de Kefalé. La lista incluye más de 25
sentidos figurados posibles además del sentido literal de la
cabeza física del hombre o la bestia. Sin embargo, la lista
NO incluye "autoridad", "rango superior," "líder,"
"director", o algo similar dentro de los significados.

Para los lectores de la Biblia hoy, la palabra cabeza
puede ser entendida como "el líder" , "el jefe",
"autoridad"; pero en los tiempos de Pablo cuando los lectores leían "kefale" no tenían en mente ninguno de estos
significados.

Kefalé, significa la cabeza física de alguien. Implica
procedencia y no mando. También es un término militar.
Implica el primero en entrar a la batalla. Es quien da órdenes para la batalla, pero no desde un lugar seguro sino
desde el frente. El primero en guerrear y entrar al batallón
enemigo. Quien está dispuesto a perder la vida en el proceso.

Cuando un hombre es un Kefalé de verdad, pone
su casa en orden y su esposa se sujetará a él voluntariamente.

Un líder Arjé produce actitudes de rebelión en
aquellos que le siguen. Un esposo Arjé tendrá una esposa
en vías a la rebelión. ¿Por qué?

¿Sabía que la palabra Arjé también es la misma que
se utiliza para PRINCIPADO en Efesios?

Efesios 6:12 "porque no tenemos lucha contra sangre y carne, sino contra <u>principados</u>, contra potestades,
contra los gobernadores de las tinieblas de este mundo,

contra huestes espirituales de maldad en las regiones celestes." Un Kefalé es un líder como Cristo. Cristo es el Kefalé del varón como Dios es el Kefalé de Cristo. Ni Cristo ni Dios ejercen un liderazgo de Arjé. El Kefalé está dispuesto a dar su vida por los demás. Ejercer dominio, gobernar a la fuerza, usurpar autoridad es de ARJES, es de los PRINCIPADOS. Es una característica demoníaca. Con mucho mayor razón si es la mujer quien se vuelve dominadora.

Ahora, estoy convencida de que de acuerdo con el tipo de cabeza que el hombre sea, será el tipo de ayuda y sujeción que obtendrá de la mujer. Si el varón ejerce dominio y autoridad sobre la mujer de manera autoritaria y machista, la mujer va a rebelarse.

De la misma manera que si el hombre actúa de forma pusilánime, su mujer lo dominará. Sin embargo, la sujeción es un tema importante que toda mujer debe manejar.

La Sujeción

También, dentro del mismo contexto se insta a la mujer a estar sujeta a su propio marido, porque no es conveniente que una mujer sea enseñada ni ministrada (a solas) por otro que no sea su marido.

Yo siempre aconsejo a las mujeres que nunca aconsejen a hombres estando a solas. Siempre debe haber testigos. Priscila no enseñó a Apolos estando a solas, sino en presencia de su propio marido. De no haberlo hecho así habría deshonrado a su cabeza.

Lo mismo sucede con los varones.

Un Pastor o un maestro nunca debería aconsejar a solas a una miembro de su congregación. Tiene que estar su esposa presente u otras hermanas. Esto le protege a él y a los de la congregación.

"Las casadas estén sujetas a sus propios maridos, como al Señor" Efesios 5:22

El verbo "estar sujetas" en el original griego es hupotasso. Es un término voluntario. La traducción correcta debería ser: "Que las casadas **se sujeten** a sus propios maridos como al Señor".

Si ARJE fuera el termino usado para "cabeza" con respecto al hombre, entonces a la mujer se le debe sujetar. Pero como el verbo usado es KEFALE, como vimos anteriormente, entonces la mujer es quien debe decidir sujetarse.

¿Qué significa sujeción?

El verbo hupotasso significa: colocarse voluntariamente bajo la dirección de alguien, bajo el amparo y cuidado de alguien. Es someterse al consejo de alguien. Es hacer caso, obedecer en el sentido de seguir directrices.

Pablo nos aconseja que NOS SUJETEMOS. Es lindo practicar la sujeción voluntaria. Te da mayores privilegios y beneficios.

Pablo no le dijo a los esposos que sujetaran a sus esposas, sino que le pidió a las esposas que se sujetaran a sus propios maridos, voluntariamente. El verbo en el original esta en voz media, no activa ni pasiva. Por lo tanto es una acción que afecta al sujeto.

La palabra hupotasso significa: convertirse en el aliado de alguien. Ser el apoyo de alguien. Estar atento a sus necesidades y ponerse a disposición de ese alguien. Esa es la actitud correcta.

Cuando anulamos a nuestros esposos, con nuestros talentos, habilidades, aptitudes y actitudes, es como matarlos con nuestras propias manos, estamos dominándoles.

Las mujeres como maestras del bien

Pablo no escribió una prohibición para que las mujeres se abstuvieran de enseñar tanto a hombres como a mujeres. Si hubiera sido así, se estaría contradiciendo con la carta que le escribió a Tito.

En Tito 2:3 Pablo instruye a Tito para que haga saber a las mujeres ancianas que tienen un deber muy especial de convertirse en "maestras" del bien. La palabra maestra aquí es : kalodidaskalos maestro de lo bueno.

"Las ancianas asimismo sean reverentes en su porte. Que no sean calumniadoras ni esclavas del vino, sino _maestras del bien_"

Luego en Tito 2:4 leemos:
"Que **enseñen** a las mujeres jóvenes a amar a sus maridos y a sus hijos".

El verbo utilizado aquí es Sofronitzo, que significa: Hacer volver en si a alguien, restaurarle y moderarle, mantener a alguien en su deber, exhortar y advertir, enseñar.

La mujer madura en el Señor debe convertirse en una maestra de lo bueno. Su enseñanza radicará en aquello que edifique, restaure y amoneste.

Recordando el contexto de la Iglesia primitiva

Las mujeres paganas abundaban en las iglesias donde Pablo predicaba. Por esa razón, el amonestó a dichas mujeres a no enseñar o corregir públicamente a los hombres. (esta era considerada una falta de respeto)

Pareciera como si anteriormente alguna de ellas hubiese ridiculizado a algún varón en la asamblea.

Era muy común que mujeres dominadoras fueran las que se atrevieran a hablar y a proferir discursos.

Lamentablemente hoy en día también se repite el mismo fenómeno que en los días de Pablo. Yo misma he conocido a mujeres que se llaman a ellas mismas "pastoras, apóstalas, ministros" y no están sujetas a nada ni a nadie. Ejercen poder sobre los hombres de manera feminista y dominadora.

Una vez escuché a un predicadora muy famosa decir: "en la casa manda mi marido, pero en la iglesia mando yo". No pude dejar de sentir tristeza al escuchar esas palabras., llenas de arrogancia y faltas de entendimiento.

También tuve la oportunidad de escuchar a una que se llama a si misma "profeta" usar el pulpito para hablar mal de su marido y denigrarlo.

La verdadera maestra no pone en ridículo a su marido en frente de todos, ni a los otros varones. Y nunca usurpará una posición que no le corresponde, como si *matara* o eliminara, o inclusive anulara al varón. Esto está fuera de orden con respecto a la palabra de Dios. Es pecado y debe ser amonestado.

Tampoco se puede sacar un texto, fuera de texto para un pretexto. Muchos toman las palabras de Pablo literales (no las del original) para impedir que la mujer tenga algún rol en la iglesia.

Hay que tomar en cuenta todos los puntos anteriormente expuestos para poder entender estos pasajes que traen tanta controversia en medio del pueblo de Dios.

Capítulo 8

Identificando a Jezabel

Identificando a Jezabel

Estamos hablando de sufrir transformaciones y renovaciones con el fin de ejercer nuestro llamado en Dios de una manera eficaz y limpia, de acuerdo con los propósitos divinos. Es por esa razón que he tomado el tiempo para desarrollar una palabra especifica para las mujeres que puedan leer este libro.

Se habla mucho del espíritu de Jezabel y se han tratado muchos temas en el pueblo de Dios con respecto a la liberación y el trato con los demonios. Hay documentación muy buena que ha sido escrita por grandes siervos de Dios y yo no voy a tratar nada nuevo sino que voy a añadir algunas otras cositas que a través de los años de ministerio Dios nos ha mostrado. No pretendo saberlo todo, pero sí puedo ayudar a las mujeres a encontrarse a sí mismas y el lugar que les corresponde en el cuerpo de Cristo, dejando de lado ciertas actitudes y acciones que pueden destruir su familia y ministerio.

¿Quién era Jezabel?

Jezabel era la hija del Rey de Sidón y esposa de Acab, el segundo rey de la cuarta dinastía de Israel.

Su historia la encontramos en (1 Reyes 16:31). Este matrimonio fue la culminación de las relaciones amistosas existentes entre Israel y Fenicia durante el reinado de Omri, y posiblemente cimentó diseños políticos importantes para Acab. Jezabel, como las mujeres extranjeras de Salomón, requirió construir instalaciones para llevar a cabo su forma particular de adoración. Entonces Acab construyó un altar para Baal en la casa de Baal, como el que había incorporado en Samaria.

Jezabel **איזבל** significa: *"Baal exalta"* *,"Baal es el marido"*. *También significa: "casta, virtuosa, sin idolatría."* Nada más lejano a la verdad.

Se llama bueno a lo malo. En ella se mueve también con la brujería, la hechicería, el encantamiento, la mentira, manipulación, muerte, engaño, contienda y división. También tiene otro significado: *"sin cohabitación"* *"Sin estar casada legalmente"*. No puede habitar con aquellos a quienes no puede controlar.

El carácter agresivo de Jezabel hizo que implementara su religión como la religión nacional de Israel. Ella organizó y mantuvo a 450 profetas de Baal, y 400 de Asera. (1 Reyes 18:19) También destruyó a tantos profetas de Jehová como pudo.

Pero el siervo fiel Abdías (quien era el mayordomo de la casa de Acab) era temeroso de Dios y escondió en una cueva a 100 de ellos, donde los alimentó secretamente. (1 Reyes 18:13)

La violencia, la matanza, y la idolatría ocasionada por Jezabel, y apoyada por Acab, despertaron la indignación del profeta Elías.

La superioridad de Elías y de su Dios en la prueba del monte Carmelo (1 Reyes 18:19), y la matanza de los 450 profetas de Baal, encendió la ira y venganza de Jezabel.

Por lo que Elías huyó al desierto para salvar su vida, donde se afligió por la lealtad de Israel a Baal y por la carencia de adoradores de Dios en Israel.

Jezabel demostró su gran determinación y falta de escrúpulos al acusar falsamente y asesinar a Nabot y a sus hijos (2 Reyes 9: 26) para satisfacer un capricho de Acab.

Debido a este hecho Elías pronunció una profecía mortal sobre Acab, Jezabel y sobre su casa (1 Reyes 21:21-24) que se cumplió cabalmente en (2 Reyes 9:30).

La influencia de Jezabel y su religión echaron raíces y trajeron el desastre sobre el reino de Judá por medio de su hija Atalía, que se convirtió en la esposa de Joram, el hijo de Josafat; y por seis años después de que escapara al juicio de Jehú de Israel, Atalía fue peor que su madre Jezabel.

Jezabel murió cayendo de un muro y destrozada por los carros de Jehú y devorada por los perros. (2 Reyes 9:30)

Características del espíritu Jezabélico

¿Cómo reconocerlo? Este espíritu no tiene un género definido (los demonios no tienen género) sin embargo debido a la naturaleza original femenina tiende a influenciar más a las mujeres. Yo no le llamaría espíritu de Jezabel, sino espíritu o mentalidad de dominador. Parece afectar sobre todo a mujeres que están amargadas con los hombres. Mujeres que en cierta forma han sido rechazadas, maltratadas o abusadas por sus padres, esposos o alguna figura masculina.

Provoca a la idolatría. *"Tomó Acab por mujer a Jezabel, hija de Et-baal rey de los sidonios, y fue y sirvió a Baal, y lo adoró." 1 Reyes 16:31*

Persigue y mata a los portadores de la verdad y la palabra de Dios. *"Jezabel destruía a los profetas de Jehová," 1 Reyes 18:4*

Cuestiona la autoridad. *--¿No eres acaso tú el rey de Israel? 1 Reyes 21:7*
Ejerce manipulación. *"Levántate, y come y alégrate; 1 Reyes 21:7b*
Se considera la fuente de provisión. Complejo de superioridad. *"yo te daré la viña de Nabot de Jezreel."*
Domina al hombre "Entonces ella escribió cartas en nombre de Acab, y las selló con su anillo, y las envió a los ancianos y a los principales que moraban en la ciudad con Nabot." 1 Reyes 21:8. Escribió, selló y envío. Hace cosas por si misma tomando atribuciones que sólo le tocan a la cabeza.

Este era el caso de ciertas mujeres en Corinto y Éfeso, que eran manipuladoras, dominadoras y controladoras. "No permito a la mujer enseñar, ni **ejercer dominio** sobre el hombre, sino estar en silencio" 1 Tim212

αὐθεντέω **auzenteo: que significa usurpar la autoridad, que gobierna y ejerce dominio, alguien que con sus propias manos mata a alguien mas o así mismo; alguien que actúa en su propia autoridad (autocracia), un amo absoluto.**

"Después enviaron a decir a Jezabel: Nabot ha sido apedreado y ha muerto." 1 Reyes 21:14. Entonces Cambia el orden divino. No sólo pasa a ser cabeza sino que distorsiona su verdadera función. El Rey Acab había ido personalmente a Nabot, pero esta vez Jezabel no. La palabra de Dios nos enseña que el hombre debe ser la cabeza de la mujer. Hay dos palabras en el griego que pueden traducirse como cabeza pero tienen significados diferentes:

Arjé y Kefalé. Repetiremos el concepto que anteriormente habíamos explicado. Un Arjé es el que da las órdenes y ejerce autoritarismo pero desde un lugar seguro. Quiere ir de primero pero no está dispuesto a dar el ejemplo. Un Kefalé es el que va de primero mostrando el camino estando dispuesto a morir en el proceso. El Kefalé es quien da la orden pero va adelante. Pablo utilizó la palabra Kefalé y no el termino Arjé cuando escribió que el hombre debía ser la cabeza de la mujer, así como Cristo es la cabeza (Kefalé) de la iglesia y se entregó a si mismo por ella. En Isaías 3:12 encontramos la palabra equivalente a Arjé en el hebreo: "Los opresores de mi pueblo son muchachos, y mujeres se enseñorearon (מָשַׁל mashal) de él. Pueblo mío, los que te guían te engañan, y tuercen el curso de tus caminos."

מָשַׁל: gobernar, ejercer dominio, tener poder sobre, (matriarcado) La palabra matriarcado se deriva del latín Matris – y del griego Arjé. El Arjé es un principado. Jezabel es un principado. Le gusta estar cerca de líderes para manipularlos.

Mezcla lo religioso para manipular *"Y las cartas que escribió decían así: Proclamad ayuno," 1 Reyes 21:9-12*

Denigra, acusa y levanta falso testimonio *"y poned a dos hombres perversos delante de él, que atestigüen contra él y digan: Tú has blasfemado a Dios y al rey. Y entonces sacadlo, y apedreadlo para que muera." 1 Reyes 21:10*

Tiene influencia *"Y los de su ciudad, los ancianos y los principales que moraban en su ciudad, hicieron como Jezabel les mandó, conforme a lo escrito en las cartas que ella les había enviado." 1 Reyes 21:11*

Provoca deseos impuros *"Vino después Jehú a Jezreel; y cuando Jezabel lo oyó, se pintó los ojos con antimonio, y atavió su cabeza, y se asomó a una ventana."* **2 Reyes 9:30** Apocalipsis 2:20 *"Pero tengo unas pocas cosas contra ti: que toleras que esa mujer Jezabel, que se dice profetisa, enseñe y seduzca a mis siervos a fornicar y a comer cosas sacrificadas a los ídolos."*

Se llama a sí misma: "Profetisa" Apocalipsis 2:20 *"Pero tengo unas pocas cosas contra ti: que toleras que esa mujer Jezabel, que se dice profetisa..."*

Desea paralizar, causando temor, condenación, depresión y apatía. Así lo hizo con Elías, hasta que logró que se escondiera en una cueva. *1 Reyes 19:9*

¿Cómo deshacernos del espíritu de Jezabel?

Los principados no se pueden "echar fuera" por que no moran en las personas, sino que viven en las "regiones celestes". Los principados gobiernan sobre las "potestades" y sobre las "huestes de maldad". Estos influyen en países, estados, provincias, departamentos, condados, municipios e inclusive en iglesias. El espíritu de Jezabel es un poder demoníaco de los lugares celestes que trasciende límites geográficos específicos, y puede afectar a naciones enteras.

Sea cual fuere la región en que ingrese este poder, se une al principado que gobierna en ese territorio y colabora con él. Tal es el caso de la iglesia en Tiatira donde este principado se encontraba. Apocalipsis 2:20. En Hechos 16:16 Pablo se encontraba en Tiatira y halló a una muchacha con espíritu de adivinación que era pagada por sus amos. Esa región era el asentamiento del espíritu de Jezabel, quien también se mueve con adivinación y hechicería.

Los poderes de Jezabel obran conjuntamente con los gobernadores y potestades que atormentan a las personas (Efesios 6:12). Al actuar con las huestes de maldad, encuentra acceso a través de las obras de la carne que no han sido crucificadas. Leer Gálatas 5:19 en adelante. Este principado hará uso de esa lista de obras de la carne que no pueden ser reprendidas porque no son espíritus sino que necesitan ser controladas y crucificadas en el nombre de Jesús.

Este poder demoníaco no infecta solamente a personas del sexo femenino. Un hombre también puede que esté bajo la influencia de este espíritu, y necesita un espíritu de Acab para mantenerse vivo. (a otro con mentalidad de Acab)

Jezabel necesita de un Acab y Acab de una Jezabel. No pueden actuar independientemente. Acab no quiso darse por entendido de las maquinaciones de Jezabel. Muchos hombres se hacen de la vista gorda cuando ven a sus esposas saliéndose del rol que Dios les ha dado.

El mayor enemigo de la mentalidad de Jezabel es LA AUTORIDAD ESPIRITUAL VERDADERA. Jehú (tipo de Jesús) es el enviado de Jehová, que acaba tajantemente y sin misericordia a Jezabel, sin tener contemplaciones de ninguna índole.

Jehú significa: <u>"El Pacto existe"</u>. **Elías fue el enemigo de Jezabel, pero Jehú fue quien la aniquiló.**

Hay que dejar muy en claro nuestro papel y

determinación delante de Jezabel. Si nos dejamos atemorizar y amedrentar, pereceremos.

No mostremos misericordia con este principado! NO DEBEMOS TOLERARLO! Ni siquiera permitamos que nos enrede en sus maquinaciones. Jehú no le siguió la conversación a Jezabel, sino que puso a otros a que la bajaran de la ventana.

Este espíritu tomará el papel de victima en un momento dado, solamente para manipular. Pero no podrá continuar con sus maquinaciones si no le damos la importancia que requiere. De lo contrario desviara a muchos y causará división. También es importante que nosotros mismos no caigamos en la auto conmiseración, porque allí es donde el espíritu de Jezabel se fortalece.

La mentalidad de Jezabel también puede hacerse parecer como una persona amigable, que te sonreirá y aparentará estar de tu lado pero ante la primera oportunidad te clavará una estaca por la espalda. TEN CUIDADO!! Jezabel también tiene una percepción errónea de los niños o hijos espirituales. Los utilizará como arma para lograr sus deseos egoístas. TEN CUIDADO!!

La Confrontación es la única cura

Cuando el espíritu de Jezabel es confrontado con la verdad, percibirá a aquel que le ha confrontado como el enemigo. Entonces asaltará y atacará a este enemigo. No hay peor manifestación de ira y enojo que cuando una persona controladora es confrontada. Salen a la luz el orgullo y la inseguridad. No puede aceptar corrección porque percibe toda corrección como rechazo. Por lo tanto, nunca escucharemos a una persona controladora admitir que está equivocada.

Antes de la confrontación, son tus amigos, pero después de que les apuntas y corriges, se convierten en tus peores enemigos. Una Jezabel siempre expresará que no ha sido valorada ni apreciada. Piensa que no hay nadie mejor que ella. También dirá que las decisiones tomadas fueron hechas después de mucha oración. Su religiosidad aflora a la vista. Igual que el espíritu de Acab, evita la confrontación y niega toda culpa. Recordemos una vez más que Acab y Jezabel trabajan unidos, para alcanzar sus metas.

Reunirán información para usarla en tu contra o de la congregación en caso de que sientan que están perdiendo terreno o poder. Usará la murmuración, la queja y la crítica. Es perfeccionista y dominante. Desea el poder. Jezabel también utilizará enfermedades como una herramienta para llamar la atención y poder manipular.

El Fruto del Espíritu

Cuando entendemos que el espíritu de Jezabel está lleno de auto motivaciones, de agendas personales, de motivos equivocados, de envidias y disensiones, entonces es cuando nos damos cuenta de la importancia de provocar en nosotros el fruto del Espíritu.

Pablo utiliza como arma en contra de cada obra de la carne, un ingrediente del fruto del espíritu. ARREPINTÁMONOS DE CUALQUIER OBRA DE LA CARNE PARA NO DAR LUGAR AL PRINCIPADO o mentalidad

Jezabélico, y pidámosle al Espíritu Santo que nos limpie y nos bautice.

Rehusémonos a dejarnos influenciar por las obras de las tinieblas y resistamos al enemigo. Arrepintámonos de todo dominio o control sobre los demás.

Sometámonos a Cristo, para que sea El quien guíe nuestras vidas.

Capítulo 9

SABIDURIA · TEMOR DE DIOS · ENTENDIMIENTO · CONSEJO · FORTALEZA · CIENCIA · PIEDAD

Mujer: Discierne tus dones y talentos

He escrito este capítulo, con respecto a los dones y talentos con el fin de estudiar lo que la palabra de Dios nos dice al respecto y así ayudarte a encontrar el propósito de Dios para tu vida. Una vida sin una razón y sin una meta, está vacía. Muchos cristianos que conozco están conformes con haber conocido a Jesús como salvador y Dios, pero se sientan sin hacer nada, y no dan ningún fruto. En muchos casos esto se debe a las enseñanzas erróneas de que no es necesario cumplir ninguna meta porque la venida del Señor está cerca. Esto último, es totalmente verdadero, pero no es una razón para quedarse "vegetando" sin tener una vida spiritual productiva. Ojalá más bien que el Señor cuando venga nos encuentre "haciendo así".

Amada hermana (y hermano) que leen estas líneas, espero producir en ustedes una sed suficiente para querer dar un fruto abundante. Es hora que pongas tus dones y talentos al servicio del Señor.

Descubre y Discierne tus Dones y Talentos

Romanos 12:6-8

"Teniendo dones (Carisma: facultades, talentos, calidades) que se diferencian según la gracia dada a nosotros: [Aquel cuyo don es] profecía, [que profetice] según la proporción de su fe; [Aquel cuyo regalo es] servicio práctico, que se de así mismo en servicio; el que da clases, a su enseñanza; Él que exhorta (anima), a su exhortación; él que contribuye, que lo haga en simplicidad y liberalidad; él que preside (da ayuda y supervisa), con celo y unidad de mente; él que hace actos de misericordia, (ayuda al afligido) con alegría genuina."

La importancia de nuestros Dones

"Don" Viene de la raíz Hebrea: *mattan* **(regalo, ofrecimiento, presente)** y del griego: *Xarisma.* **(gracia, regalos, servicios y manifestaciones que denotan poderes extraordinarios, distinguiendo a ciertos Cristianos y permitiéndolos servir).**

> **"Los regalos de un hombre (mattan) le abren el camino que lleva a la presencia de los grandes" Proverbios 18:16 La palabra "hombre" es ADAM en hebreo e involucra a ambos: hombre y mujer (la humanidad)**

1 Pedro 4:10 (Original Koiné)

Cada uno de ustedes ha recibido un don (un talento espiritual particular, un atributo divino), así que cada uno ministre (sirva) uno al otro como un buen administrador (gerente) de la gracia multiforme de Dios [de varias clases].

Usted fue diseñado para ser conocido por su don. Dios ha puesto un don o talento en cada persona para que el mundo le de un sitio o un lugar determinado. Es este don el que le permitirá realizar su visión. Abrirá un camino para usted en la vida. Es en ejercer este don que usted encontrará la verdadera realización, propósito y alegría en su trabajo.

La educación es importante, pero lo que abre un lugar es "el don". La educación abre una puerta para usted, pero su don es el que "le pone" en el lugar correcto. Su don le ayuda a encontrar su objetivo y propósito en Dios.

Su Don es Importante

Su don es importante en la vida. Cuando usted sabe que ha sido dotado en algunas áreas, puertas abiertas aparecerán delante de usted. No sólo por los dones naturales o sus talentos, sino que también por sus dones espirituales. Debemos usar los dones con los cuales Dios nos dotó. Uno de los papeles vitales de un padre es el de ayudar a sus hijos a descubrir el dote único (talento) que se le ha entregado.

Proverbios 22:6 dice "Entrena al niño es su camino y cuando fuere viejo no se apartara de él." Según Dave Kistler "Esta es una promesa vocacional. Esto significa que si usted entrena a un niño "de la manera que él debería caminar" (literalmente, "según su facilidad"), cuando sea viejo, aquel niño todavía seguirá ese camino. "Cuando los padres ayudan a sus niños en el descubrimiento de sus dones dados por Dios, comienzan a proporcionar oportunidades y entrenamiento para entrar en la dirección y el camino que ellos deben seguir.

Cultive sus propios dones y no imite a otros

Debemos perfeccionar y desarrollar nuestros propios dones. Dios nos da talentos naturales pero debemos desarrollarlos. Y cuando Él nos dota de dones espirituales debemos perfeccionarlos en oración y en la Palabra de Dios. Somos originales de un modo maravilloso. Dios nos hizo únicos. Debemos enfocarnos en cómo ejercer y desarrollar nuestros propios dones y talentos para obtener un fruto de ellos. Muchas personas pierden demasiado tiempo sintiéndose celosas por los dones de otros. Los celos son "roba dones" y un desagüe de energía. Su energía y fuerza deberían concentrase en agitar su don, no en drenarlo.

Ponga sus Dones en Acción

A causa de su dedicación y humildad, Dios permitió a David el privilegio de emplear (poner en práctica) su arte como líder de una nación. Él había descubierto sus dones y los había perfeccionado con los leones y los osos que vinieron para destruir el rebaño de su padre.

Cualquiera que sea el don que Dios le haya dado debe ser usado y practicado para el servicio del cuerpo de Cristo. Si usted ha recibido el don de profecía, o conocimiento o sabiduría, por ejemplo, usted debe entrenarse y funcionar en ese don cuando la oportunidad se presente. No oculte sus dones.

Recuerde la diferencia entre un don espiritual y un talento. Ambos son dados por Dios, pero el primero es dado por el Espíritu Santo cuando ya hemos recibido a Jesús como Señor y Salvador, y el segundo es dado por Dios al momento en que nacemos, y está delimitado a la herencia, factores genéticos, etc.

"Por eso te aconsejo que avives el fuego del don de Dios que está en ti por la imposición de mis manos"(2 Timoteo 1:6)

Thayer's Lexicon: la manera como el fuego es encendido de nuevo o iluminado, un fuelle. Un fuego puede volver a iniciarse, si soplamos, revolvemos las cenizas o añadimos combustible.

Un don no es algo que aprendemos. Es algo que Dios nos da. Es algo que tenemos que descubrir y luego avivar. Nadie más puede activar su don. Tiene que hacerlo usted mismo.

Su Don le prosperará

Usted aviva su don desarrollándolo, refinándolo, realzándolo, y usándolo. Aquí es donde entra la educación.

La educación no puede darle su don, pero puede ayudarle a desarrollarlo de modo que pueda ser usado al máximo. Proverbios 11:25 dice, "**El alma generosa será prosperada: el que sacie a otros, también él será saciado**" En otras palabras, aquel que pone sus dones y posesiones a disposición de otros, encontrara prosperidad.

Si usted usa su don, la prosperidad le encontrará. Muchas personas trabajan solo por dinero. Esto no es la voluntad de Dios ni Su propósito para nosotros. Debemos trabajar por la visión que hay dentro de nosotros.

Los Dones Espirituales

Dios es quien nos da los dones y cada Cristiano tienen al menos un don Espiritual a fin de servir a otros (1 Pedro 4:10) Cada uno debería usar cualquier don que ha recibido para servir a otros, administrando fielmente la gracia de Dios en sus variadas formas..

Los dones han sido dados a gente distinta para objetivos diferentes (1 Corintios 12:28-30) y a la iglesia, Dios ha designado primero a los apóstoles, segundo a los profetas, tercero a los maestros, después a los que operan milagros, también aquellos que tienen dones de sanidad, aquellos capaces de ayudar a otros, aquellos con dones de administración, y aquellos que hablan en diferentes tipos de lenguas.

¿Son todos apóstoles? ¿Son todos profetas? ¿Son todos maestros? ¿Hacen todos milagros? ¿Tienen todos dones de sanidad?

¿Hablan todos en lenguas? ¿Son intérpretes todos?

Dios es quien elige nuestros dones; (1 Corintios 12:7-11) "Todos éstos son obra del mismo Espíritu, y él los da a cada uno, como él lo determine."

• No hay un don que todos los cristianos tengan en común; es decir, que no necesariamente es dado a todos. (1 Corintios 12:29-30)

• Los creyentes deben dar cuenta al Señor por el uso de sus dones (1 Pedro 4:10)

• Los dones espirituales muestran el llamado de Dios y Su propósito para la vida cristiana (Romanos 12:2-8)

• Los dones usados sin amor no logran los propósitos que Dios desea (1 Corintios 13:1-3)

• Los dones espirituales son para el bien común, la edificación del cuerpo (1 Corintios 12:27)

¿Cómo usarlos?

1. Debemos funcionar en nuestros dones según lo que la Biblia dice (2 Timoteo 3:16; Romanos 12; 1 Corintios 12-14; Efesios 4; 1 Pedro 4)

2. Debemos tener afirmación y una respuesta positiva dentro del Cuerpo de Cristo para la expresión del don (1 Corintios 12:7; Efesios 4:16) Es decir, la iglesia debe reconocerlo y verlo en nosotros. No podemos ser nosotros mismos quienes nos pongamos un titulo o en una posición. La iglesia en general es la que se encarga de eso.

3. Hay acuerdo dentro del Cuerpo de Cristo de que el Espíritu Santo está operando (1 Juan 4:1; 1 Tesalonicenses 5:21)

4. Tenemos paz en nuestros espíritus dada por el Espíritu Santo cada vez que ofrecemos nuestros dones al Cuerpo de Cristo (Juan 15:26; Romanos 8:16)

5. Debe haber una prueba, un fruto. (Juan 15:8; Mateo 7:16-20)

6. Usamos nuestro don para ministrar las necesidades de otra gente (Hechos 2:44-45; 1 Corintios 12:7)

**Debemos guardar un testimonio intachable
para honrar el don que hemos recibido (Efesios 4:1)**

Dones Espirituales y Talentos
Mencionados en la Biblia

Éstos son conocidos como dones, servicios y Operaciones Según la Biblia, hay muchos dones, servicios y manifestaciones. Muchas personas organizan los dones en tres categorías. A continuación hice esta tabla para visualizarlos:

- Unos dicen que los dones de Administración y Liderazgo son el mismo.
- Unos dicen que los dones de Servicio y Ayudas son el

mismo.
- Unos añaden los dones de Arte y Música debido a las habilidades que Dios dio a la gente para ayudar con el Templo del Antiguo Testamento.
- Unos ven el Arte como un vehículo para ejercer el don de Servicio.
- Unos se apegan solo a los dones listados en el Nuevo Testamento.

Otros creen que ciertos dones Espirituales sólo fueron dados a la gente por imposición directa de las manos de los Apóstoles originales y que estos dones dejaron de existir después del primer siglo.

Otros dones mencionados en la Biblia

o   1 Corintios 7:1-9 - Celibato

o   1 Pedro 4:9-10 - Hospitalidad

o   1 Corintios 13:1-3 - Martirio

o   Efesios 3:6-8 - Misionero

o   1 Corintios. 13:1-3 - Voto de Pobreza

I Cor 12:4	I Cor 12:5	I Cor 12:6
Dones	**Servicios**	**Operaciones**
Rom 12:3-8	**Ef 4:7-16**	**I Cor 12:8-10**
Motivación **Xarisma** (*favor que alguien recibe sin mérito propio*)	**Ministerio** *diakonia (servicio)* *(oikodome) doma* *(edificar)*	**Manifestación** *energema (operación a favor de alguien)* *phanerosis (manifestación)*
Profecía / Vidente	Apóstoles	Palabra de Sabiduría
Ayudas / Servicio	Profetas	Palabra de Conocimiento
Enseñanza	Evangelistas	Fe
Exhortación	Pastores	Sanidad
Dar	Maestros	Milagros
Mando / Administración		Profecia
Misericordia / Compasión		Discernimiento Espíritus
		Lenguas
		Interpretación

o   Efesios 6:18 - Intercesión / Oración

o   Lucas 1:1-3 - Escritura

Algunos ven la Oración e Intercesión como un vehículo por el cual los dones de Fe, Sanidad, y Milagros funcionan.

Los dones nos hacen llevar fruto abundante dentro del cuerpo de Cristo. Es mi parecer, que un don no necesariamente determina un ministerio. No porque tengamos el don de profecía, somos profetas. El oficio de profeta es mucho más definido y complejo. No porque tengamos el don de aconsejar a otros, somos pastores. La gente es muy dada a poner títulos, y es lamentable como esto sucede en la iglesia muy a menudo.

Lo importante no es el título, sino la función y los frutos que una persona tiene. Conozco, en lo personal, a muchos siervos y siervas de Dios, que sin tener el título de apóstoles, profetas, o evangelistas, han ganado mucho más almas para el Señor, han abierto mucho más iglesias y han iniciado mucho más obras que muchos "apóstoles" modernos que lo único que tienen a su haber es el título que ellos mismos se pusieron o que alguien más les dio pero que no demuestran ni el oficio de aun apóstol ni su llamado.

Todo llamado involucra deberes y responsabilidades. Y lo más importante, involucra obediencia y sujeción hasta la muerte. Todos los apóstoles sufrieron maltrato, martirio, persecución y muerte. ¿Estás dispuesto a ser fiel a Dios hasta la muerte?

Capítulo 10

El Llamado de Dios

El Llamado de Dios

La palabra llamado (klésis) significa **ser incitado por la palabra**. Un impulso interior fuerte hacia cierto curso específico de acción, acompañado de la influencia de una convicción divina.

El llamamiento de Dios lleva implícitas tres características importantes a saber:

- **reclamo:** Cuando se nos pierde algo de sumo valor y al fin lo encontramos en otro lugar y bajo otra cobertura, entonces lo *reclamamos* como nuestro. Si no se reclama, se pierde, cambia de dueño. Jesucristo nos reclamó como pertenencia suya y nos arrebató de las manos del enemigo.

- **invitación:** Sin embargo, nosotros no somos objetos que podemos ser reclamados; por esa razón aún cuando Dios nos reclama, nos invita a venir a él. La invitación es para todos.

- **aceptación:** Luego de la invitación viene la aceptación o rechazo de ese llamado. Por eso en Mateo 22:14 dice: *"Muchos son los llamados pero pocos los escogidos"*. Escogido es *ekléctoi*: elegido. Para que alguien sea un elegido debe de hacer respondido afirmativamente al llamado de Dios. En realidad muchos escuchan la invitación pero pocos se comprometen con ese llamado.

El llamado de Dios tiene además cuatro condiciones importantes:

1- **Es irrevocable:** Según Romanos 11:29, los dones de Dios y su llamado son irrevocables. Esto quiere decir: *sin arrepentimiento y sin cambio de opinión.* (tanto de parte de Dios como la nuestra)

2- **Es santo:** 2 Timoteo 1:9 dice que este llamado es puro, sagrado, santo; no de acuerdo a nuestras obras sino conforme a su propósito.

3- **Es específico:** En Juan 10:3-4 encontramos: *"...a sus ovejas llama por nombre y las saca, y cuando ha sacado fuera todas las propias va delante de ellas, y las ovejas le siguen porque conocen su voz..."*

4- **Tiene una retribución o un premio:** En Filipenses 3:13-14 dice: *..."Hermanos, yo mismo no pretendo haberlo alcanzado; pero una cosa hago: olvidando ciertamente lo que queda atrás, y extendiéndome a lo que está adelante, prosigo a la meta, al premio del supremo llamamiento de Dios en Cristo Jesús."*

Romanos 8:28 dice: *"Y sabemos que a los que aman a Dios, todas las cosas les ayudan a bien, esto es, **a los que conforme a su propósito son llamados.**"*

Una vez que entendemos lo que es un llamado, es necesario conocer los tipos de llamado.

Existen tres tipos de llamado:

1- **General:** a ser salvos, a servir, a predicar, obedecer, amar, a pertenecer al cuerpo de Cristo, a tener conocimiento. Este es un llamado para todos.

2- **Temporal:** Cuando la desilusión entra nos desanimamos en cumplir el llamado de Dios, entonces se vuelve temporal. Allí está pero no se pone en práctica. Requiere una decisión nuestra el obedecerlo.

3- **Definido:** o el definitivo. Con una visión específica, una palabra, un don, etc. Este llamado debe crecer. Si no crece en nosotros no es de Dios. Crecer es el plan de Dios. Recordemos que la mala hierba tanto como la buena crecen juntas, por eso debemos impedir que la cizaña ahogue nuestro trigo.

Si el llamado que Dios nos ha hecho no crece, hay algo anormal. En Lucas 2:52 dice que Jesús crecía en sabiduría, estatura y gracia para con Dios y con los hombres. En Lucas 2:51 dice que para lograr este crecimiento, **se sujetó**. En todos los llamados debe haber sujeción. También, Dios está escogiendo un *remanente* cuya característica principal sea **la fidelidad**. Dios escoge a los humildes. Proverbios 11:2, Isaías 29:19, Salmo 147:6, Mateo 11:25, 29-30: "*...lleven mi yugo...aprendan de mí que soy manso y humilde...*"

El llamado de Dios y mi vocación

En Génesis 2:15 leemos "y el SEÑOR Dios tomó al hombre, y lo puso en el Jardín de Edén para que lo atendiera (para trabajar, servir) y guardara (conservar, proteger, observar, prestar atención)." Cuando Dios creó al hombre, él colocó en el Jardín para trabajarlo y cuidarlo.

Más tarde, cuando Adán y Eva le fallaron a Dios, fueron colocados fuera del plan original que Dios tenia para sus vidas. De aquí en adelante, ellos deberían trabajar y obtendrían el fruto de su trabajo "con dolor" y ya no como una realización del llamado de Dios en sus vidas.

El trabajo se convirtió en una maldición en vez de una bendición. No debido a Dios, pero debido a las opciones incorrectas del hombre. Una vez que usted esta fuera de la voluntad de Dios y del propósito para su vida, usted se coloca en una posición "de sufrimiento" "y aversión". Este es el por qué demasiadas personas no disfrutan de lo que hacen y se sienten frustrados en sus empleos y carreras. Esto es parte de una maldición pero no es la voluntad de Dios. Jesús rompió con la maldición y aquel dolor ya no esta destinado para usted. Una vez que usted entiende esto, comenzará a tratar su trabajo como una bendición y una fuente de alegría.

Una persona que es feliz en su empleo va a :

• *Funcionar mejor*
• *-Desarrollar un mejor trabajo*
• *Aumentar su productividad*

¿Sabe usted cuál es su llamado en la vida?

Usted no puede obedecer a Dios si está confuso sobre lo que Él quiere que usted haga. La mayor parte de las personas carecen de una idea clara de cómo discernir Su voz. Ellos dependen de sentimientos y/o impresiones para interpretar Su voluntad y esto es muy peligroso.

No podemos confiar en los sentimientos porque es muy subjetivo. Existe una influencia de lo que ellos quieren y sienten, que afecta lo que sucede en sus vidas, y de muchas otras variables que afrontan. Los creyentes que pensaban que habían oído la voz del Señor cometieron algunos errores terribles.

Discerniendo la voluntad de Dios en su vida

Existen varias formas de cómo discernir la voz de Dios:

Oración *"Y esta es mi oración. Que el Dios de nuestro Señor Jesucristo, Padre glorioso, les de sabiduría espiritual y elementos para conocer más de El". (Efesios 1:16-17).* Una búsqueda de la voluntad de Dios debería comenzar de rodillas. Él le encontrará allí. Recuerde que Jesús prometió, *"Pide y le será dado; busque y encontrará; llame y la puerta se le abrirá " (Mateo 7:7).*

Estudio y Meditación de Su Palabra Usted debería examinar las Escrituras y hallar principios que estén relacionados con el asunto que este considerando. El Señor nunca le pedirá hacer algo que esté en contradicción a Su Palabra. Si lo que usted considera por hacer, viola un concepto o principio hallado en la Palabra, o que es moralmente erróneo, entonces puede olvidarlo.

Busque Consejo Busque el consejo de aquellos que son espiritualmente maduros y sólidos en su fe. Un consejero piadoso o el pastor pueden asistirle evadiendo los errores comunes que aturden a muchas personas.

Observe las Circunstancias a su alrededor No debemos ser dirigidos por ningún impulso inexplicable o por impresiones, pero estas son importantes para poner atención a lo que es conocido como "circunstancias providenciales." No debemos hacer del acontecimiento nuestra regla de juicio pero el Señor a menudo habla de puertas que abre o cierra. Cuando usted comienza a ser bloqueado por todos lados en una búsqueda particular, usted podría considerar la posibilidad de que Dios tiene otros proyectos para usted. Cuando se le proponen a usted una modificación de circunstancias o la providencia pone dos o más cosas delante de sus propios ojos; elegir si hay que seguir por donde va, o entrar en una situación diferente, o de dos situaciones diferentes cual de ellas aceptar, es difícil; intente tomar una vista distinta de cada caso propuesto y compararlos el uno con el otro, y con la condición de usted o su familia. Cuando, sobre la consideración debida, nada parece aclarar su camino; no dé prisa a la providencia; pero permanezca en un estado de incertidumbre, o quédese donde usted está; esperando

en el Señor en oración, y esperando al Señor en el camino de su providencia. Dios va a cercar completamente el camino incorrecto, haciéndolo irrealizable, incómodo, poco productivo, o imprudente a usted, y le cerrará su camino elegido. Lo obstaculizará. En todos los casos tome la palabra de Dios como su regla. Compare las declaraciones de la palabra con la administración de la providencia hacia usted; y luego aprenda lo que el Señor requiere de usted en su circunstancia presente.

No haga nada impulsivamente Dele a Dios una oportunidad de hablar. Hasta que él haga, deténgase durante algún tiempo y concéntrese en la oración, la meditación de Su Palabra y el Consejo.

El Trabajo o Carrera
que estamos a punto de elegir

Su trabajo va a ser recompensado cuando usted encuentra el refugio en el Señor. "Jehová recompense tu obra, y tu remuneración sea cumplida de parte de Jehová Dios de Israel, bajo cuyas alas has venido a refugiarte.." Rut 2:12

Sea lo que sea que haga, hágalo bien. Todo lo que te venga a mano para hacer, hazlo según tus fuerzas, Eclesiastés 9:10. **Dios ha proporcionado muchas oportunidades de trabajo para usted.** "Sale el hombre a su labor y a su labranza hasta la tarde. ¡Cuán innumerables son tus obras (negocios, trabajos), Jehová! Hiciste todas ellas con sabiduría; ¡La tierra está llena de tus beneficios! Salmo 104:22-24. "Grandes son las obras de Jehová, buscadas de todos los que las quieren. Ha hecho memorables sus maravillas; clemente y misericordioso es Jehová. Ha dado alimento a los que lo temen; para siempre se acordará de su pacto." Salmo 111:2-5

Prepárese para la carrera y el trabajo que va a tener. "Apresta tu obra de afuera (negocios, trabajos), Y disponla en tu heredad; Y después edificarás tu casa.." Proverbios 24:27

Dios espera que usted disfrute de su carrera y los resultados de su trabajo. *Eclesiastés 3:13.* "Y también que es don de Dios que todo hombre coma y beba, y goce el bien de toda su labor."

Dios da a cada uno según su trabajo. "y tuya, Señor, es la misericordia,   pues tú pagas a cada uno conforme a su obra" Salmo 62:12

El trabajo trae satisfacción a su vida. Salmos 128:2," Cuando comas el trabajo de tus manos, bienaventurado serás y te irá bien.." No hay nada mejor ni satisfacción más grande que comer del fruto de nuestro trabajo.

La Palabra manda que cada hombre debe trabajar para que así no carezca de nada "Procurad tener tranquilidad, ocupándoos en vuestros negocios y trabajando con vuestras manos de la manera que os hemos mandado, a fin de que os conduzcáis honradamente para con los de afuera y no tengáis necesidad de nada." 1 Tesalonicenses 4:11-12 "Y cuando estábamos con vosotros os ordenábamos esto: Que si alguno no quiere trabajar, tampoco coma. Ahora oímos que algunos de entre vosotros andan desordenadamente, no trabajando en nada, sino entrometiéndose en lo ajeno. A los tales mandamos y exhortamos por nuestro Señor Jesucristo que, trabajando sosegadamente, coman su propio pan." 2 Tesalonicenses 3: 10-12

Usted es un socio de Dios en su carrera.

"Tu Dios, te hará prosperar en toda la obra de tus manos, en el fruto de tu vientre, en el fruto de tu bestia y en el fruto de tu tierra, para bien; porque Jehová volverá a gozarse sobre ti para bien, de la manera que se gozó sobre tus padres, cuando obedezcas a la voz de Jehová, tu Dios, y guardes sus mandamientos y sus estatutos escritos en este libro de la Ley; cuando te conviertas a Jehová, tu Dios, con todo tu corazón y con toda tu alma." Deut. 30:9-10

Ponga a Dios a cargo de su carrera y su trabajo y entonces lo que usted ha planeado sucederá.

Ore a Dios, y espere a que El le hable y le llame. No tome ninguna decisión si está inseguro. Asegúrese de que está siendo sujeto a alguien más, a alguna voz objetiva que le pida cuentas. Todos debemos dar cuentas los unos a los otros y confesar nuestros pecados los unos a los otros para ser sanados.

Si usted no se sujeta a un "hombre" a quien ve, NO será capaz de sujetarse a Dios a quien usted no ve.

En el caso de las mujeres, sometámonos a Dios, a los padres y a un pastor (si estamos solteras), a los maridos (si somos casadas) y juntos: marido y mujer pónganse bajo la sujeción de un pastor. Como Aquilas y Priscila y todas las parejas ministeriales mencionadas en la Biblia.

No importa cual sea tu rango, ni cual alto sea tu puesto. Todo líder, debe tener un líder sobre el a quien darle cuentas, para no caer en errores doctrinales ni en pecados de la carne. Por eso es que hoy en día existe tanto adulterio y fornicación DENTRO de las iglesias. Amados hermanos, seamos fieles. Temamos a Dios. Honrémosle solo el!

Bibliografía:

Althea R. DeBrule, God & Career Online Bible Study
Antionette Clark Wire, The Corinthian Women Prophets: A Reconstruction Through Paul's Rhetoric (Minneapolis: Fortress Press, 1995), p. 220

Concordancia de las Sagradas Escrituras. Compilada por C.P denyer 1997

Den Heyer, C.J.: Pablo, un hombre de dos mundos. Ediciones El Almendro

Eggleston, Arthur E. La historia del Pueblo de Corinto. 1968, Librería Cibernous

Fortune, Don & Katie, `Discover Your God-Given Gifts`, Fleming H. Revell, 1987.

Francisco Lacueva Nuevo Testamento Interlineal Griego-Español de (Ed. CLIE, 1984, Terrassa, España).

Gilbert Bilezikian. El lugar de la mujer en la iglesia y la familia. Nueva Creación. (EEUU).1995

Gothard, Bill, `How to Understand Spiritual Gifts`, Institute in Basic Life Principles, 1986.

Henry George Liddell, An Intermediate Greek-English Lexicon, 1989

James Strong, Diccionario Completo de palabras bíblicas. LLD 1996

John Temple Bristow, Lo que el Apóstol Pablo realmente dijo de las mujeres

José M. Pabón 1991, Diccionario Completo Manual griego-español. VOX

La Biblia versión popular Dios Habla Hoy. Sociedades Bíblicas Unidas 1983

La Biblia versión actualizada Reina-Valera. 1999

La Historia y sus Protagonistas. (C) 2000 Ediciones Dolmen.

Lloyd Llewellyn-Jones Abuso Domestico y Violencia en contra de las mujeres en la Grecia Antigua. p. 232-266

McGinn, Th.AJ. Prostitucion, sexualidad y ley en la antigua Roma, New York 1988 p.18

Mickelsen & Micicelsen, "What Does Kephale Mean in the New Testament?," in Women, Authority and the Bible, ed. Alvera Micklesen, p. 104

Naden, Roy et al, `The Spiritual Gifts Manual', Institute of Church Ministry (SDA), 1982.

Nelson's *Illustrated Bible Dictionary,* Copyright (c) 1986, Thomas Nelson Publishers

Naphtali Lewis and Meyer Reinhold. Roman Civilization - Volume II - Selected Readings - The Empire" 3rd Ed. Columbia University Press. ISBN 0-231-07133-7.

Paul Kroll y Ronald D. Kelly *Técnicas de Comunicación*

Robert Scott, Shorey, Mabel Pitkin. *Historia Antigua de Corinto.* Journal Press, 1959.

Ross Shepard Kraemer, Her Share of the Blessings (New York: Oxford University Press, 1972), pp. 71-73.

Russell, Douglas Costume History and Style; Chapter 5 pp.66-87 ISBN: 0131812149

Salisbury , E., Donvain , E., y Llewelyn Price, M. (eds) 2002 Violencia Doméstica en textos medievales , Gainesville

Shannon Klarkson, *Conflicto y Comunidad en la iglesia de Corinto.*

Spielvogel Jackson J. Civilizaciones De Occidente - Vol A,Editorial: Thomson (2004)

Spiros Zodhiates. TH.D La Biblia de estudio clave hebreo-griego. 1990

Stephens, Janet 2008."Ancient Roman Hairdressing: on (hair)pins and needles." In Journal of Roman Archaeology 21:110-132.

The New Unger's Bible Dictionary. Originally published by Moody Press of Chicago, Illinois. Copyright (c) 1988

Wagner, Peter, `Your Spiritual Gifts Can Help Your Church Grow', Regal Books, 1979.

Para mayor información con respecto al ministerio
Libres en Cristo Internacional
(Free in Christ Ministries International)
por favor póngase en contacto con :
Jorge y Lorena Gamboa
"de pareja a pareja"
www.jorgeylorena.com

Para invitaciones a actividades de matrimonios y de
familia por favor comuníquese al:
713-589-9292
O escribanos a: deparejaapareja@yahoo.com